只有经过地狱般的磨炼,才能创造出天堂的力量。

—— 拉宾德拉纳特·泰戈尔

无畏之心

叶明辉 著

华夏出版社
HUAXIA PUBLISHING HOUSE

图书在版编目（CIP）数据

无畏之心 / 叶明辉著. -- 北京：华夏出版社，2019.1

ISBN 978-7-5080-9606-3

Ⅰ. ①无… Ⅱ. ①叶… Ⅲ. ①叶明辉—自传 Ⅳ. ①K825.38

中国版本图书馆CIP数据核字(2018)第254211号

版权所有，翻印必究。

无畏之心

作　　者　叶明辉
责任编辑　陈　迪　许　婷

出版发行　华夏出版社
经　　销　新华书店
印　　刷　北京市通州运河印刷厂
装　　订　北京市通州运河印刷厂
版　　次　2019年1月北京第1版　2019年1月北京第1次印刷
开　　本　720×1030　1/16 开
印　　张　13.5
字　　数　130 千字
定　　价　49.00 元

华夏出版社　网址：www.hxph.com.cn 地址：北京市东直门外香河园北里4号 邮编：100028
若发现本版图书有印装质量问题，请与我社营销中心联系调换。电话：（010）64663331（转）

前　言

　　一个人的一生，从刚刚出生的婴儿到寿终正寝，从花容月貌到年老体衰。那么，在红尘中，我们能不能始终保持灵魂的纯洁呢？就像山中之花，红彤彤地盛开着，又悄悄地谢落；亦像山涧之水，欢快地流淌着，汇入江河。

　　唯愿所有的人都能像这山涧之水、山中之花，如此真实、如此安稳，如此，才能带给别人快乐。就像讲课一样，有的人，讲的话都是大家爱听的，而我讲的不一定都是大家爱听的，但却是真实的，把我的亲身经历、真实情感分享给大家，听到的人自然就会沉浸其中，进入我的生命，甚至忘记了时间，穿越了空间，此时，才是真正富足和快乐的。

　　当我穿越了时间，回到和外公、外婆在一起生活的时光，我感受到无比的富足、无比的快乐，此时，我特别想把我的这份快乐、富足分享给身边的每一个人，分享给你们，让你们也能和我一样拥有这份无比宝贵的财富。

　　在平凡的生活里，我们早已习惯用各自的经验去判断，认为是对的东西就是对的，认为是错误的东西就是错误的，这就是生活的本质。贫穷的人认为贫穷的本身是合理的，因此，由此带来的一切思想都是合理的。

　　思想是什么？我的母亲，一生都与病魔抗争，没有享过一天福的可怜女人，她从来没有想过，爱情是一种思想，贫穷、寒冷、饥饿、厌恶，等等，这些都是思想。这个世界上，唯一一个比生命久远的东西，就是一个人的思想。然而，可悲的是，她从来没有去想过这一切，仿佛她只有接受的权利。

　　这正是我写这本《无畏之心》的原因，为天底下所有的女性，为所有不甘命运安排的人而写。

  一个人的生命太过短暂，如果失去了思考的能力，人生就像浮萍，只会随波逐流；如果失去了思想，人生就像清水，索然无味。不要让苍白、平淡甚至倦怠的生活成为一种习惯，不要活成一个沉睡不醒的人，我们每个人来到这个世界上，本身就是一个奇迹，为什么不将这种奇迹延伸出来，成就一个不一样的自己呢？

  我是谁？

  我从哪里来？

  我将要到哪里去？

  这三个问题就像甘霖一般，浇灌着每一个干涸、疲惫的心灵。

  在本书中，我不会写任何一个大道理，不会说任何一句口号，我们已经见过了太多的道貌岸然，而生活恰恰缺乏最为本真的一面，我只想沿着这三个问题的思路将我的故事、我的经历分享给每一个读者，假如我这样的人都能活出精彩的人生，你为什么不可以呢？

  我相信，当你读完这本书，当你和我一样，不断追问自己，不断叩问内心，当你去寻找生命的答案，你终会懂得，这个世界上，只有自己走上舞台的中央，你才能成为焦点，你才能活出精彩的自己。

  生活，最终是一场怀念！当我们开始怀念的时候，我们已经老了。我希望，当我老了的那一天，想起自己走过的路，想起自己的拼搏，想起自己给后人、给这个世界留下的一切，能自豪地说：这世间，我没有白走一遭！

叶明辉

目 录
Contents

第一章
叶宝村 / 001

拥有灵魂的人生　　　/ 002

这一世，我是谁?　　　/ 007

不愿来到这个世界　　　/ 010

洞穴中的寓言　　　/ 014

第二章
山涧之花 / 017

村　长　　　/ 018

山涧之花　　　/ 024

偷　牛　　　/ 028

生命是一朵花　　　/ 033

你是谁?　　　/ 036

I

第三章
痛苦的根源　　　　　　　／039

一场大火　　　　　　　／040
面对心湖　　　　　　　／046
痛苦的根源　　　　　　／049
妈妈，我爱你　　　　　／054
鱼羊鲜　　　　　　　　／058

第四章
捕鱼人　　　　　　　　　／063

捕鱼人　　　　　　　　／064
人都是哭着来到这个世界的　／067
美梦成真　　　　　　　／072
最初的攀登　　　　　　／076
一切都会成为过去　　　／080

第五章
忍着不死的妈妈　　/ 085

忍着不死的妈妈　　/ 086

与你的世界和解　　/ 091

老园丁　　/ 098

最后的嘱托　　/ 103

第六章
给我自由　　/ 111

给我自由　　/ 112

半块馒头　　/ 116

偷师学艺　　/ 120

回　家　　/ 124

第七章
上海滩　　　　　　　　　　/ 131

上海滩　　　　　　　　　　　/ 132

人生下来时不必唱歌　　　　　/ 136

无路可退是最好的出路　　　　/ 140

人之根本　　　　　　　　　　/ 145

第八章
我希望走对的路　　　　　　/ 149

在最好的年华里不要止步　　　/ 150

我希望走对的路　　　　　　　/ 155

演说之道就是没有道　　　　　/ 161

那年的爱情有些动人　　　　　/ 168

第九章
以爱之名　　　/ 173

绝　学　　　/ 174

以爱之名　　　/ 179

映山红　　　/ 183

南燕北归　　　/ 188

第十章
浮生若梦　　　/ 193

爱情交易　　　/ 194

浮生若梦　　　/ 198

无畏之心　　　/ 202

无畏之心
A MIGHTY HEART

第一章

/叶宝村/

拥有灵魂的人生
这一世,我是谁?
不愿来到这个世界
洞穴中的寓言

这个世界原来如此美好，

如此奇妙，

如此让人难以忘怀。

｜拥有灵魂的人生

我和你一样，也会做种种的梦。尤其是在过去的一年，尽管几乎每天辗转一个城市，有时候身体跟着飞机、汽车到了新的地方，心却还在梦里的那个地方。这一年，我的梦做得太多太多了，但真正长留在我的记忆里的却只有九个，因此，我决定将它们写下来，作为我人生的第一本书，送给你！

最近，我梦见了一只蚂蚁。它小小的，它的世界、目光能触及之地也很小。是啊，世界那么小，小得只有生它养它的那个地方那么大；世界却又那么大，大到它根本无法想象，无法企及。一只小小的蚂蚁，爬行在广阔的大地上，用自己的轨迹，将自己人生的体验以蚂蚁的速度，慢慢地、慢慢地告诉我们：这个世界原来如此美好，如此奇妙，如此让人难以忘怀。

这只蚂蚁黑漆漆的身子上带着点黄土，它的眼睛嵌在头颅里，就像两粒小小的黑珍珠，但好像并不管用。它爬行的时候一点声音也没有，但却光明正大、昂首挺胸，像个正人君子一般。它爬到梳妆台上，对着镜子停了下来，也不知道是朝着镜子里的自己笑，还是对着我笑。

我们仿佛已经认识了很长时间，有一种默契从心底里升起来。

"走了很远很远，我以为赶不回来了。"蚂蚁说的居然是安徽省巢湖市的方言，这应该可以上《科学博览》之类的杂志了，但是此时此刻，我并不感觉到惊奇。

"你又去找他了！"我好像知道它的很多事情，但好像又什么都不知道。是啊，一个平时忙得连饭都不能好好吃的人对一只蚂蚁又能了解多少呢？

"哎，他始终闭着眼睛，看都没有看我一眼。"它望着镜子里的自己，仿佛已经望尽了自己一生的悲苦，想不到一只蚂蚁的感情和我们的一样。

他是一个行脚的僧人，托钵乞食，已经走了九万九千九百里，还差最后一百里，就圆满了，到时候，他会找一个地方建一座庙，安顿下来，作为普度众生的道场。那天中午，一场突如其来的大雨将僧人逼到山脚下的凉亭里。

雨越下越大，行脚僧把身后的包袱取下来，慢慢地摊开来，里面只有一件洗得发白的青衣和一个吃了一半的馒头，馒头已经有点发黄，但看着却很干净。行脚僧取了馒头，掰开一点点，正准备送到嘴边，却突然扔了馒头，跑出凉亭，他俯下身去，双手从雨水汇集的水潭中捧起了一只溺水的蚂蚁。

蚂蚁看起来已经奄奄一息了，行脚僧小心翼翼地把它安顿在自己的包裹上，它一动不动。行脚僧盘起腿来，闭上眼睛，双手合十，虔诚地念起经文："若有过去，一切十恶五逆，四重诸罪，烬然除灭。若有众生，随处得闻此大灌顶光真言，一三七遍，经耳根者，即得除灭一切罪障……"

风声、雨声、经藏之声，行脚僧面无表情，坐如磐石，时间仿佛静止，只有清泪两行经过冷峻的脸颊，缓缓地流下来，滴在蚂蚁的身上。

"他的泪水让我活了过来，但活着，还不如在那场大雨里死去！"蚂蚁痛苦地说。

我凝视着它，这只奇怪的蚂蚁，月光下，它渺小的身躯仿佛突然变大，变成一只巨蚁。此时，我希望听它继续说下去。

"他的泪水，让我有了灵魂，而在此之前，我只是随波逐流，从来不知道生命中除了食物之外，还有别的什么东西值得努力。"蚂蚁带着哭腔，但它并没有泪水，不，也许有，藏在心里了。

"拥有灵魂的人生难道不好吗？"我有些迷茫。

"不，蚂蚁就不应该拥有灵魂！造物主给了我们身体和生命，让我们白天爬行在光明的大地上，夜晚却生活在黑暗阴冷的地底下，让这样的物种拥有灵魂，是多么残忍的一件事情。"蚂蚁有些绝望，它望着镜子里的自己，黑黝黝的眼睛就像两个黑色的洞口，深深的，没有一丝光。

"那么，你希望他收去你的灵魂，仅此而已？"我问道，我希望我的结论得到肯定的回答。

"不！他给了我的灵魂，为了他，我贡献了我全部的爱，但是，他却始终没有再看我一眼。"蚂蚁绝望地说。

我这时才懂得，对一只蚂蚁来说，拥有高贵的灵魂是一件多么恐怖的事情。一只没有灵魂的蚂蚁是无所畏惧的，在它的世界中只有头顶上的那点粮食，生存或者死亡，对它来说，也许只是生物本能而已。但，当它有了灵魂，有了信仰，却让它不得不离开原来的群居生活，因为，在那个洞底的黑暗世界里除了适者生存之外，无法装下那滴眼泪，更无法装下那个灵魂中的对一切众生的爱。

> 这一世，你是痴情、执着的蚂蚁，
> 　　　　他是个普度众生的和尚。

| 这一世，我是谁？

　　一场大雨，一个行脚僧救了一只溺水的蚂蚁，与此同时，行脚僧的泪水度化了这只蚂蚁，让它也体会到了行脚僧的心中对这个世间真正的慈悲与爱，但是，它并不能完全明白慈悲与爱的真谛。而行脚僧也是在当年步行九万九千九百里，在大雨中救下那只溺水的蚂蚁后，才真正懂得"无缘大慈，大体同悲"的含义，因此，留下了两行清泪。由此，这只蚂蚁也步入了当年行脚僧必经的苦修之路。

　　"你难道不知道痛苦是一个修行者的必经之路吗？现在，你应该回到你的黑洞中去，好好思考你为什么会痛苦，而不是在这里照镜子，只能照见一只怨天尤人的蚂蚁！"我有些生气，它不应该去责怪一个有救命之恩的贵人，即使它是一只蚂蚁。

我听不到蚂蚁的回答，爬起来定睛一看，梳妆台上只有梳子，别无他物。于是，我就醒来了。这个梦非常清晰，可能是因为我睡得并不沉的缘故，那天，我讲课讲到半夜两点多，三点钟左右睡下，醒来的时候，才四点多钟。

这个梦虽然有些神奇，但也并不奇怪。按照心理学的说法，梦境是一种心理暗示，日有所思，夜有所梦。2017年年底，有一天，几位朋友从四面八方聚到深圳公司，中午，我们一起去吃猪肚鸡。饭间，一位女性朋友分享了她的爱情故事，她说：我们是小学同学，那个时候，我喜欢他，他也喜欢我，但是后来，我们不知道怎么就分开了，他结了婚，有了孩子，又离婚了；我结了婚，有了孩子，也离婚了。一次同学聚会将两个离婚的小学同学聚到了一起，现在，我们虽然没有结婚，但我们却谁也舍不得离开谁，两个人可以一直待在家里三天三夜不出门，哪里也不想去。

我不知道怎么评价这段情缘，两个本来就应该在一起的人，太早相识却太晚在一起，因此，三天三夜舍不得分开可能是因为想把曾经失去的时间找回来吧。过去的，还能找回来吗？我是这样想的，但身边的一位作家朋友的关注点却不在这里，他问道："你们三天三夜都关在屋子里不出门，孤男寡女，你们都干什么了呢？"

这位女性朋友一时答不上来，众人哄堂大笑。

我想，就像这顿猪肚鸡的午餐会一样，总算是以喜剧收尾。人生就是一个悲欢离合的过程，此时悲苦，彼此幸福；此时幸福，彼时悲苦。我始终相信，有缘分在一起的人，只要坚守心底的那份信念，不论经历怎样的路程，最终一定会在一起，因为这是命，在你们第一次见面的时候，已经注定好了结局。然而，这种缘分一定是彼此的，你进入了我的命运而我也进入了你的命运，当你的信念中已经没有了这个人，那么，缘分也就此结束了。

这一世，你是只痴情、执着的蚂蚁，他是个普度众生的和尚；这一世，你们无法改变自己的身体，改变自己的身份，改变自己早已经被安排好的命运。

这一世，我是谁？

> 当一个人必须面对自己真实的命运时,
> 他才会不得不去思考苦难的真实含义。

｜不愿来到这个世界

爱情是什么？有人说，最好的爱情就是陪伴。我想，在我父母那个年代的安徽农村，最好的爱情也许就是一起挺过难关。母亲曾告诉我，她和父亲是相亲认识的，但在结婚前彼此却都没有见过面，因为相亲那天，"代表"我父亲去的是我的大伯——父亲的哥哥，那个看起来比我父亲高大的男人。

在那个贫穷的年代，爱情是廉价的，相比之下，一个身体健康、模样端正、勤俭持家的丈夫或妻子就是对自己的未来最好的保障。然而，结婚那天，当母亲看到自己的"如意郎君"并不是第一眼看到的那个人时，她还是选择出走，我想，这恐怕是少女时代的母亲对自己的命运最勇敢的一次抗争，准确地说，也许并不是抗争，而是对觉得自己被"戏耍"的一次博弈，当然，没有读过书的母亲也许根本不知道"博弈"这个词，因此，父亲并没有费多大的心思就将离家出走的新娘接回来了。

很多年后的今天，当我自己经历了失败的爱情，我才对爱有了一些体悟。爱是什么？爱并非进入对方的身体，而是一种进入对方的内心最好的方式。如果你想完全了解一个人，最好的途径就是深深地爱他，借着心灵的力量，你才能看见对方的内心世界，才能看到他在心灵的角落里隐藏着什么，而这种力量既可以毁灭一个人，也可以激发一个人，就像梦中的那只蚂蚁。

当一个人遭遇了一种无可避免、不可逃脱的境地时，当一个人必须面对自己真实的命运时，他才会不得不去思考苦难的真实含义。我想，新婚的父母即使贫穷如洗也没来得及去思考，直到我来到这个世界。

母亲躺在床板上大口喘着气，不论接生婆用怎样的方法，也无法帮助母亲生下我，我想，冥冥之中，也许在娘胎里的我已经知道降生在这个贫穷的家庭中，我将要去面对什么。接生婆和乡镇医生已经束手无策，如果再不送到县医院抢救,产妇和孩子都有危险。外公出去找车,可别人一听拉的是难产的孕妇,都没人敢拉,在那个思想封闭的地方,没人愿意讨个不吉利的活儿。外公实在没有办法,在马路上朝着开过来的中巴车跪了下来,对司机作揖:"求求你!救救我女儿!"我生下来时,九斤多重,在医院哭了一整天,外公让村里人带个口信给我父亲。

我出生的整个经历都来源于母亲的支离破碎的记忆,在我的梦中,曾完整地呈现过。梦里的我,并不是那个在襁褓中的女婴的模样,也不是现在这样的模样,甚至根本不是自己的模样,那个"我"声嘶力竭地呼喊:

醒来!醒来!
叶宝村,
太阳起山了;
黑夜已经成为过去,
不要再继续沉睡。

叶宝村是我的故乡,我姓叶。母亲当年生下九斤重的我,差点送掉了自己的命,因此,在她看来,如此难产的我是个"贵重子",虽然是女孩,但不比男孩差,因此,他们给我起了个"亚男"的名字,当然,这个名字并没有陪我多久。

> 决定我们的命运的，
> 不是别人的舌头，
> 而是我们自己的思想。

| 洞穴中的寓言

叶宝村并不大，小时候，这个村名曾经让我痴迷，我想，这是个有宝的村子。"宝"，对年幼的我来说，并不是财宝，它更像是一种图腾、一种信仰，让你即使在最艰难的时候，也能找到希望。这种信仰让再卑微的生活都变得不再卑微，让这里的人们学会与贫穷和平相处，知道吗，这个世界上，除了爱情之外，贫穷和卑微更能让人突破伦理、道德。

柏拉图在《理想国》中有这样一个假设：有一个洞穴式的地下室，它有一条长长的通道通向外面，有一道亮光照进来。有一些人从小就住在这洞穴里，头颈和腿脚都被绑着，不能走动也不能转头，只能向前看着洞穴的后壁。在他们背后远处高些的地方有东西燃烧着发出火光，一些人拿着各种用石料制作的石人、石兽，这些人有的说话，有的不说话，但他们的影子被投射到石壁上，而囚禁者只能看到这些影子，只能听到声音。长此以往，囚徒们必然会认为是这些石人和石兽在说话。这个时候，如果他们中的一个被解除了禁锢，当他看到真相时，你觉得他会怎样？

是的，在平凡的生活里，我们已经习惯了用各自的经验去判断，我们认为是对的东西就是对的，我们认为是错误的东西就是错误的，真理和科学在这里显得苍白无力。这就是生活的本质。贫穷的人认为贫穷就是合理的，因此，由此带来的一切思想都是合理的。

思想是什么？我的母亲，这个一生都与病魔抗争、没有享过一天福的可怜女人，她从来没有想过，爱情是一种思想，贫穷、寒冷、饥饿、厌恶，等等，这些都是思想，这个世界上，唯一一个比生命久远的东西，就是一个人的思想。然而，可悲的是，她从来没有去想过这一切，仿佛她只有接受的权利。

而这一切悲剧的根源来源于比她还可悲的她的父亲、母亲。

在我的眼里，外公一直都是守护者一样的角色。他和外婆是表兄妹，属于近亲结婚，因此，我的母亲生来就有一身的病。我想，可能也正是这样的原因，外公才愿意将她许配给如此贫穷的父亲。

这里，我想写给所有在生活的旋涡中挣扎的人们，尤其是女性朋友们，永远不要向命运屈服，如果你屈服了，承担这一切痛苦的不仅是你，还有你的孩子、你的亲人，寻求真理不仅仅是哲学家、思想家去做的事情，事实上，我们每一个人都应该是自己生活中的哲学家，决定我们的命运的，不是别人的舌头，而是我们自己的思想、我们自己的决定，勇敢地迈出第一步，做黑暗洞穴中的第一个解放者，走出洞穴，看看这个世界正在发生着什么，看看你和这个世界的关系，在内心种下探索的种子，种下善的种子，种下爱的种子，种下自我的种子，只有这样，你才能改变命运，迎接重生。

第二章

山涧之花

村长
山涧之花
偷牛
生命是一朵花
你是谁？

> 大多数人认为自己是超然的,
> 可他们却活出了最卑微的样子。

村 长

  我出生后,母亲的身体更差了,靠打零散工的父亲根本无法养活病妻幼女,因此,我被送到外公家,我最美好的童年记忆,全部来源于和外公、外婆在一起的那段时光。

  外公是村长,当然,他是个物质贫穷的村长,但却人人尊重,几乎没有人喊他村长,而是叫他大魏爷爷,甚至不是晚辈的人也这样称呼他,因此,他其实是富有的。

越到后来，我越发现，有钱并不是富有，真正的富有应该是品格上的富有、精神上的富有、生活上的富有、性格上的富有以及内心的富有。账户上的钱再多，房子再多，车子再豪华，这些其实都不真正属于你，今天你拥有，并不代表你一直拥有，相反，如果你的内心无法承载这些外在的东西，它们反而会吞噬你的一切。

大多数人认为自己是超然的，可他们却活出了最卑微的样子，费尽心思与手段来对付生活，因此，他们不仅不超然，甚至是不体面的。很多年后的今天，我才发现，外公带给我一段如在伊甸园一般的快乐生活，尽管他贫穷。现在，每当回忆起那些点点滴滴的事件，我依然能有暖暖的、扎扎实实的富足感。

小时候，村里有人对我说，你妈妈为了生你，差点送了命，你的命硬，是铁命。那时候，我虽然还不懂什么是铁命，但从外公对我寸步不离的照顾上，也能隐约感觉到些什么。

人之行，莫大于孝。外公身体力行，他将老太（外婆的妈妈）接到自己身边照顾，尽管在老太的众多晚辈中，他是最贫穷的。在我的记忆中，外公体态肥胖臃肿，身体不好，但他却背着老太去上厕所，在那个年代，农村的厕所就是两块木板搭在一个深深的土坑上，土砖墙、茅草顶，冬天透风，雨天漏雨，现在回头看来，有几个男人能做到这一点呢？有人即便是对自己的亲生母亲也是嫌这嫌那，更何况是对自己的岳母。

一个男人对一个女人真正的爱就体现在这种责任上，我的外公，虽然平凡，在我的心目中，他却那么伟大。我想，他是爱他自己的女人的，因此，他才照顾老太，尽管自己的生活已经很艰难，他仍努力将最好的给老太。老太爱吃花生，但牙齿没了，嚼不动了，外公将花生剥好，用手绢包起来，再用石块碾碎，碾成小小的碎片，一点一点地喂老太，有时候，花生碎末不小心掉下来几块，外公也仔细地捡起来。对一个贫穷的农户人家来说，花生简直就是奢侈品，并不是月月都有。

有一次我在邻居家的场地上玩，有人就跟我开玩笑说，大宝，你要是能从10数到1，场地上晒的花生随便你抓一把。我开心坏了，因为早就对地上的花生眼馋了，但是别人不说，我也不好意思要，小孩子的心思毕竟逃不过大人的眼睛，于是，他就"顺水推舟"，顺便也让我"知难而退"，可是他并不知道我真的会倒着数数，于是，在众人面前，我开始数起来：10、9、8、7、6……

众人哈哈大笑，调侃道，没难倒大宝，还赔了花生！

我呢，根本管不了别人怎么说、怎么笑，从地上捧起一把花生，头也不回地跑回家了，也学着外公的做法，把花生剥开来，把花生米用手绢包起来，再用石头砸，可不知道为什么，我的花生怎么也砸不成外婆吃的粉末状，最多只能给它们砸扁了，我想可能是我的方法不对，可是到底错在哪儿呢，我明明看着外公就是这样做的呀，我百思不得其解，就一屁股坐在地上哭起来了。

外公听到我的哭声走过来，问我怎么了？

我也想把花生米砸碎喂老太吃！我说。

外公看到地上一地的花生壳和手绢里面砸扁了的花生米，摸了摸我的头，对我说，傻孩子，你这个花生是湿的，还没有干，怎么能砸成粉呢？

我抬起头，看着外公，他的眼角含着泪，但是，他的嘴角却含着笑。

村里还没通电，点着煤油灯或蜡烛，在天干物燥的冬季，防火成为村里的第一要务，身为村长的外公，义无反顾地扛起了防火这个重担。对这个村子来说，外公就像它的守护神一样，我记得，每个寒冷的深夜，外公都要去打更，外面寒风呼啸，外公披上破旧的棉袄，推开门，每每这个时候，我总是从床上爬起来，拽着外公的衣角，要和他一块儿出去。外公实在没有办法，就抱着我，我非常喜欢外公身上的那种味道，现在回想起来呢，也不知道是外公身上破旧的棉袄上的老棉花的味道，还是老人身上的气味，总之，对我来说，那是一种浓浓的爱的味道，在一个又一个寒冷的冬夜里，让我感觉到一种真正的安全感，让我感觉到一种真正的温暖！你可以想象，在北风如刀的夜晚，外公敞开大衣，将我包裹在里面，行走在黑暗中的村落小道上，深一脚浅一脚，外公敲着梆子，喊道："啊！三更天了！天干物燥，小心火烛！"

在外公一声又一声的打更声中，我陷入了深深的睡梦中，我想，那个时候应该是现在为止我最幸福的时光。因此，现在每当我受伤时，每当我最相信的人欺骗我时，我都会原谅他们！每当我想到外公曾经抱着我走在那一个又一个寒冷的冬夜的时候，我就用外公对我的爱来爱我身边的每一个人，因此，我学会了原谅，学会了看透，学会了放下所有的不好的事情，就像我的外公守护着他那个村子一样：五更天了，天干物燥，小心火烛！今天，在这本书中，我想对每一个朋友说，生活不易，请爱惜身边的每个人。

山涧之花

天有黑的时候，就一定有亮的时候；人有落魄的时候，就一定有东山再起的时候，只要你相信自己。岁月悠悠，那刚刚升起的太阳，红通通的，虽然初出茅庐，却没有任何惆怅，充满了灵性之美。

> 一个人的灵魂，
> 在他的思想和身体之间，
> 就像山中花和山涧水一样真实存在着。

| 山涧之花

有的时候，我在想，人这一世，如果要幸福的话，就不能问过去，也不能问未来，只问今天即可。这样的话，天天都是好日子，天天都是新鲜的日子，天天都是充满了快乐、幸福与期待的日子，这样不好吗？这样真的很好！但是大多数人明明知道这个道理却深陷痛苦之中无法自拔。有人说，人生本来就是苦的，其实有的时候，我自己也这么认为，因为我也是个凡人。

我曾经在很多地方跟很多的朋友分享过，如果让我回忆，什么时候是最快乐的时光，我一定会说是我的童年，是和我的外公外婆生活在一起的日子，我深深地被外公所影响，被他的生活态度、被他的达观所影响，因此，那个时候的我无比快乐、无比幸福。

快乐的本质到底是什么？我曾经认为，快乐的本质是时间，这个时间可能是过去，可能是现在，也可能是未来。但当我下决定写《无畏之心》这本书的时候，我对快乐的本质又有了新的理解，我认为快乐的本质并不是时间，因为时间我们留不住，虽然我们留不住时间，但是我们可以用空间来换，用空间来换取时间。

我这么讲可能大家觉得，叶老师，如此玄乎，搞得好像在探讨一个哲学问题，其实一点都不玄乎，我举一个例子，在禅宗里面有这样一个故事，有一天，一个和尚问大龙山的智法禅师："色身败坏，如何坚固法身？"就是说我们的肉体时刻都在发生变化，从刚刚出生到寿终正寝，从花容月貌到年老体衰，那么，在红尘中，我们又怎能保持我们灵魂的纯洁呢？

智法禅师答："山花开似锦，涧水湛如蓝。"

什么意思呢？就是说那山涧水和山中花就像一个人的灵魂一样，一个人的灵魂在他的思想和身体之间，就像山中花和山涧水一样真实存在着。

快乐是什么？就像这山花和涧水一样，就像在课堂上讲课一样，有的人，讲的话虽然都是大家爱听的，但却是虚假的、编造的，而我讲的虽然不一定都是大家爱听的，但却是真实的，我把亲身经历、真实的情感分享给大家，听到的人自然而然就会沉浸其中，忘记了时间，也穿透了空间，此时的大家，才是真正富足和快乐的。

每当我回想和外公、外婆在一起生活的时光，就感到无比的富足、无比的快乐，此时，我特别想把我的这份快乐、富足分享给身边的每一个人，分享给你们，让你们也能和我一样拥有这份无比宝贵的财富。

我记得有这样的一个经历，现在回想起来依然就像昨天发生的一样。大约是在我四岁的时候，我的家非常穷，穷到什么程度呢，连家里扫地的扫帚都没有，不过，在那个年代，我相信很多人家里可能也都没有一把像样的扫帚。更何况我的母亲身体不好，所以家里面除了种主粮之外，根本没有力气去种别的农作物，就比如编扫帚的高粱秆，但是我的外公种了，所以我母亲就托别人带口信给外公，让他送些高粱秆子到家里来编扫帚。

我至今也不知道外公当时是怎么想的，或者是他根本就是故意戏弄我，他把晒好的高粱秆编成一串一串的，绑在我的腰上，让我送回家。一开始的时候，我觉得好玩，一来是往家里送东西肯定不是个坏事，二来确实觉得有意思，觉得自己像个外星人一样，至少从来没有见过有人打扮成这样，用现在的话讲，简直太"原生态"了，太环保了。

于是，绑着一圈又一圈高粱秆的我，开开心心地向叶宝村进发了。从外公家到叶宝村中间还要穿过一个村子，刚刚出外公家大门没多远，我就被人发现了，大伙看到我这个样子，哄然大笑。笑一笑我倒是也能接受，可没想到邻村的孩子们看到我这个样子，居然成群结队地跟在我身后喊：扫把星！扫把星！扫把星来了！

是啊，还有谁会把自己打扮成个扫把走村串巷呢？这群孩子一直喊着号子把我送进叶宝村，他们一边喊，我就一边哭，但是当时，我心里却一点也不恨外公，也没有想过扯掉高粱秆，或许有过这样的念头，只是时过境迁，我早就忘掉当时的内心感受了。

> 贫穷对很多人来说，
> 它的另一个潜台词是悲剧。

| 偷 牛

当我推开家里的大门，妈妈一下子看到我的样子，居然也忍不住捧腹大笑，笑得倒在地上。看妈妈笑成这个样子，我哭得更大声了。

妈妈问："外公为什么把高粱秆绑在你身上呀？"

"我搬不动，也背不动，外公就把秆子编好绑我身上了，人家都喊我是扫把星，你还笑！"我说。

"真的是很好笑啊！"妈妈一边憋住笑，一边帮我解开绳子。

我记得妈妈扯了半天也没扯开，后来，她喃喃地说道："外公打了个死结。"

外公真的打了一个死结，这个死结的本质就是贫穷。贫穷对很多人来说，它的另一个潜台词、另一层含义就是悲剧。那个时候，农户最值钱的东西就是牛，虽然牛是家畜，但它的地位和家庭成员是一样的，逢年过节的时候，甚至还会特别为它做一顿年饭，在牛角上贴上"五谷丰登"的对联。逢农忙的时候，有钱的人家一家就养了一头牛，稍微差一点的三五家合伙养一头牛，而我们家，不仅没有牛，连合养也养不起。

农忙季节，尤其是"双抢"的时候，有牛的人家，赶着牛犁田插秧，我家就只能眼巴巴地看着别人家干活儿。种过田的，大多都知道，"双抢"的"抢"，一是抢时间插秧，二是抢水。那一年，恰好干旱，村子池塘储的水根本不够用，有牛的人家早就放水耙地，而我的父亲母亲，因为没有牛，只能眼巴巴地你看着我，我看着你——没有牛，干不了活儿，秋天还能收什么？

父亲母亲坐在门槛上，你怪我，我怪你，你骂我一句，我骂你一句。他们两个吵架的事情传到外公家，中午吃饭的时候，外公叹了口气，说："现在这个时候，谁还会借牛给你们！"

我问外公："我们村里有牛呀，为什么不能把村里的牛借给我家里用呢？"

外公摸了摸我的头，说："不是我不想借，这个牛是村里的，它是公家的，我怎么能把公家的东西借给自己家里人呢？"

外公说完，轻轻地敲了几下我的头，走到房间里面，关上房门午睡去了。我好像体会到了点什么，却也说不清楚，但就在外公敲我头的那个瞬间，我在内心种下了个"种子"，我一定要想办法给我家送头牛回去。

我和村里的那头牛的感情其实很好，因为外公经常带着我一块儿去放牛，外公最喜欢干的事情就是把我抱在牛背上，我骑着那头灰色的大牯牛，我知道外公养这头牛已经很多年了，它的年龄比我大，它很健壮，吃苦耐劳，性格却很温和，牛背上的我，感觉自己像一个骑士。

我悄悄地摸到牛棚边上，从中午一直转到下午，等到四下无人的时候把牛牵了出来。

假如有人看到我牵牛了，我也想好了托词，我会说，外公让我去放牛。

我心里想的是怎样把牛快点送回家，但是毕竟做贼心虚，我是不敢走大路的，只能牵着牛往没人的地方走，绕着路回家，因此，到家的时候，天都快黑了。

父亲母亲还是坐在门槛上，你不搭理我，我也不搭理你。当我把牛牵到门口的时候，他们惊呆了。

爸爸问："大宝，你从哪里牵来的牛？"

我说："你不要问了，赶紧把牛牵去，把家里的田都犁了！"

妈妈说："大宝，你把外公村里的牛牵回家了吧，外公知道吗？"

我说："你不要管那么多，现在最重要的是把活儿干了，不然等别人发现来要牛了，活儿也没干！"

他们觉得我说得有道理，也没想那么多，连夜把家里的地都犁了，第二天凌晨，我把牛喂饱，悄悄又送回牛棚里。

第二天早上，我有些担心，虽然家里的地犁完了，但我不知道外公如果发现了我偷牛回家这件事，会不会责备我。但出乎意料的是外公并没有骂我，他只是打开牛棚，抱了些新鲜的草进去。

这件事过去很多年了，现在回头想想，那天下午，外公真的进屋睡觉了吗？牵牛回家的路上，我一直隐约觉得有人跟在我后面不远的地方，但是我从没有回头去看那个跟着我的人到底是谁，因为我怕被人喊住把牛拉回去，我知道那个跟着我的人一直把我送到了家门口才默默地走了，那个人除了是我的外公，还能是谁呢?

每个生命都是独一无二的，
就像每片树叶都是独一无二的。

| 生命是一朵花

因为我姓叶，今天，大年初一，早上 5 点，当我正要落笔继续为你们写这本《无畏之心》时，我对我的姓氏有了一点新的认识，在这里，我把我的这点新知分享给大家。叶，树叶的叶，我想，当我们看见一片美丽的树叶，我们可以把它画下来，可以拿着手机拍下来，可以把它夹在书本里做成标本，但是我们却不能去造一片树叶，不管我们用什么样的高科技、用什么样的方法也不可能造一片一模一样的饱含着生机、富含着叶绿素的树叶，为什么？因为树叶本身就是一个生命，它存在于我们生活的这个世界之中，和我们一样，就算是克隆，也不可能克隆一个一模一样的你出来，难道不是吗？

一个人，不管走了多远，不管他有多成功、多富有，他走的路，他做的事情，都在告诉这个世界，他是独一无二的。所以，我们珍惜我们的生命，珍惜我们的现在。不管过去的你、过去的我是怎样的，是开心还是悲伤，那都不重要，因为每个生命都是独一无二的，就像每片树叶都是独一无二的。

生命本身就是一朵花，难道不是吗？过去经历的贫穷、苦难真的是我们生命中无可替代、最为宝贵的财富。

小时候，因为家里穷，我被送到外公家，其实外公家也并不富有，准确地说，不仅不富有，其实也并不比我自己家里好多少，但他们对我的爱，远远超越了贫穷，正因为如此，我从来没有感觉到贫穷带来的痛苦。

外公怕我营养不良，想方设法也要每个星期都买一次猪肉给我吃，而我是非常馋的，可能小孩子都喜欢吃肉，也有可能是身体发育的需要，三天不吃肉就牙痒痒，贫穷的外公掏不起钱，只能去集市上赊账。现在你们可能觉得不可思议，难道吃猪肉还能赊账？但在那个年代，在我们那个贫穷的地方，猪肉账是家庭开销中一笔不菲的开支。这些猪肉账，后来都是我的老姨去还的，她很小的时候就出去打工，每年过年回家的时候，第一件事就是到镇子上去还掉一年的猪肉钱，现在我创业了，老姨也一直跟在我身边。我非常感恩她，如果不是因为老姨，我想我现在的个子可能长不了这么高，可能只能长半截，另外半截，因为营养不良长不出来了。去年老姨说她要买房子。我问她要多少钱，她说还差 30 万元，我二话不说给了她 50 万元。

有一天，外公不知道从哪里搞了一大盆猪肉回来，我回到家的时候他正在清洗，满满的一大盆猪肉，足足有几十斤重。晚上的时候，他割了一块，在锅里面炖了很久很久，香味四溢，我不知道绕了锅台转了多少圈，直到深夜了，外公才盛出一碗，自顾自地一个人在桌子上狼吞虎咽。我百思不得其解，平常的时候，外公、外婆根本舍不得吃一口肉，都是给我一个人吃，但今天，外公不仅不给外婆吃，连我也不准吃一口，不论我怎么央求，怎么喊着要吃肉，他就是不搭理我。我依偎在外婆怀里，看着外公大口大口地吃肉，不断地咽口水，不知道什么时候我进入了梦想，也许，梦里周公请小小的我吃肉了吧。

只有真正的爱,

才会显得如此愚昧,如此笨拙,

但却如此真实。

| 你是谁?

  这个世界上,很多东西都是有形状的,但是却没有声音,比如外公的爱,在他自己一个人吃了三天猪肉之后,才特意做了一顿美味的红烧肉,他盛了满满的一碗,开心地端出来,说:"大宝,你可以吃啦。"

  原来,外公拉回来的是一头病死的猪,是他在路上捡回来的,因此,他必须自己来试吃,在他看来,如果他吃了三天都没事,我吃了肯定也就不会有什么问题,所以才发生了前面的那一幕。现在看起来,这是多么愚昧的事情，难道自己的命不比捡回来的病死的猪肉重要吗？我不知道外公当时到底是什么样的心态，以身试险去吃一头病死的猪的肉，但是至今我仍然记得当他看到我吃肉时他脸上呈现的笑容，我想，外公的这种"愚昧"才是一种真正的爱，这个世界上，只有真正的爱，才会显得如此愚昧，如此笨拙，但却如此真实。

如果说生命是一朵花，那么，我想，我的生命应该是一朵莲花。你知道吗，莲花自长出来就和水在一起，直到慢慢地枯萎，莲花这一期的生命就此结束，来年，再次开始美丽的轮回。

生命究竟是什么？你我到底为什么来到这个世界？你是谁？我又是谁？我从哪里来……

每当我上台给来自全国各地的企业家朋友们演讲之前，我都这样问自己，因为只有厘清这些问题的答案，我才能分享我的故事。

你问我：你是谁？

我说：我是叶明辉。

我问你：你是谁？

你说：我是自己。

我问你：叶明辉是谁？

你说：是你！

我说：不完全是，叶明辉只是一个名字，我们是最为平凡的人，却又是宇宙中最为神奇的生命体。

我们生来拥有思想，拥有爱，拥有一颗无畏之心，正是这颗生而俱来的心，让我们去阅读，去行走，去探索，去追逐，去忍耐，去原谅，去接受，去回忆，去生活……

第三章

痛苦的根源

一场大火
面对心湖
痛苦的根源
妈妈，我爱你
鱼羊鲜

> 一个人在贫穷的时候，
> 他的想象力同样是贫乏的。

｜一场大火

　　命运，一切都是最好的安排。感恩叶宝村这方水土，感恩我出生在一个贫穷的家里，感恩父母将年幼的我送到外公家，感恩外公、外婆用他们无私的爱给了我美好的童年。外公，我想您，每当我想起您时，我总是热泪盈眶，不能自已。

　　现在想起来，因为身为村长的外公为人厚道，即便父母没有在身边，周围的人也没有瞧不起我，因此，那时候，我从来没有感觉到孤单。外公的宽容、无私在年幼的我的心中种下了一颗无所畏惧的种子，让我对一切充满了好奇，让我去探索，去走自己认为正确的道路，正因为如此，我才走到了今天。

在我的记忆中，小时候的冬天总是特别的冷，直到今天，我也无法用准确的词语精准地形容那种冷到脚疼手麻的感觉。有一次，我悄悄地从灶台边拿走一盒火柴，当然，我没有像卖火柴的小女孩那样，躲在角落里，一根一根地划，而是趁没有人的时候，在晒谷子的场地上，从邻居家的草垛上拔一些草，点一堆既暖和又快乐的火。

这种快乐不过是暂时停止了痛苦与寒冷，它和幸福并没有多大的关联，因为幸福是可以持续很长时间的，而这种温暖却是短暂的，我必须在有人发现之前扑灭这堆让我快乐的火，然后飞一般地逃离。然而，后面发生的事情至今让我充满了悔恨、自责。因为恐惧，我并没有完全扑灭那堆火，于是，风搅着火星引燃了干草垛，我远远地看着草垛着了起来，形成巨大的火堆，映红了小小的村庄，然而，那一瞬间，我却不再感到任何恐惧，没有再逃跑，反而走到离那座巨大的火堆更近一些，走得越近，那种暖和的感觉越强烈。

有人喊，救火啊！救火啊！

村里的男人、女人迅速集结起来，有人拿着脸盆，有人提着水桶，有人握着钉耙，但面对这堆大火，谁都无能为力，眼巴巴地看着它从天亮烧到天黑，直到烧光了，火也就灭了，众人朝着火星象征性地浇了几盆水，算是有个交代。

不知道谁嘟囔了一句：是大宝放的火！

大家都看着我，我点了点头。我想，即使没有人出来指证，我也会自己站出来，因为确实是我放的火。现在，我如此肯定，并不是对童年的我的坦诚与诚实有多么大的自信，是因为我对过去的经历以及现在的自己有足够的理解。我是个赌徒，只是童年的我，并不知道赌徒的真实含义。你、我都是生活的赌徒，因为我们都将自己的未来抛给了命运。为了快乐，我点燃了火堆，因此，为了快乐，我一定会承认自己的所作所为。

我记得那天，外公既没有打我，也没有骂我，只是摸了摸我的头，对我说，好孩子，我们回家。

一个人在贫穷的时候，他的想象力同样是贫乏的，那个时候他所得到的越少，他的快乐反而更多，很多年以后的今天，当我拥有了当年没有的那些物质上的所谓的财富，当我的想象力越来越丰富，甚至有些繁杂的时候，我发现这些东西并不能带给我真正的快乐，反而不断地让我失去。人生就是这样，你拥有的越多，你失去的当然越多，你一无所有，难道你还有什么能失去吗？你只会得到。

因此，人生，对每一个人都是公平的，不是吗？童年的我，贫穷得一无所有，只能与寒冷为伴，我点了堆火，但是当时我并没有感觉到痛苦，今天，当我回忆起那堆火、那个傍晚以及外公摸摸我的头的那个场景，我反而感觉到有一种痛楚从内心深处慢慢地延展开来，这种痛苦一直陪伴着我，久久不能离去。

现在，一堆干稻草可能根本算不了什么，可是在那个贫穷的年代，一堆干稻草相当于一户人家的命。因为一整个冬天，烧火做饭、喂牛，茅草顶的房子上面盖的和铺床用的都是干稻草。

点燃一堆干稻草，那就是一件天大的事情，不管外公在村里的人缘有多好，给过别人多少恩惠，这件事情，外公都必须要给人一个交代。

我记得那天晚上，我点燃稻草的那户人家到外公的家里来哭。外公说，你不要哭，你放心，给我几天时间，我把你家烧掉的草全补回去。

第二天，外公借来一辆板车，把自己家场地上的稻草全部拉到那户人家的场地上去了，整整齐齐地码起来，但是，外公家的田本来就少，稻草自然就少，堆好了的草垛还比不上原来的一半多。外公又对人家说，你放心，我保证它不比以前少。

外公说完，就带着镰刀出去割草了。他找到邻村的一块荒田，整整割了两天，等外公割好稻草后，邻村的人过来了，他说：这个草是我家田里的，我得要！

外公什么话都没说，默默地走了。

在我的记忆里，外公是一个从来不会跟别人吵架的人。他遇到事情总是习惯性先冷静下来去思考，去想解决的方法，他不会因为我烧掉了一堆干稻草就一直在发牢骚，一直在强调过去的错误，在外公看来，这件事情做得再错，都已经过去了，现在焦点应该放在如何解决这个事情上面。正是因为外公的包容与爱让年幼的我感受到真正的温暖，这种温暖和那堆火带来的温暖完全不同，它让我看到外公身上那种人格的美。

我不会用多么华丽的辞藻、多么高深的技巧、多么宏大的修辞手法来形容外公人格的伟大，我会用更多的文字去真实地描写平凡的生命和生活，和外公曾经一起经历的一件小事，甚至一个细微的动作所带来的体验、所带来的感受，这些对我来说才是真正的美。

外公割了整整两天的草被别人一句话就夺过去的时候，他并没有放弃，他发动外婆和我帮他一起割草，在冬天的田野中，我并没有感到凄凉，反而觉得这是一件非常快乐的事情。后来，那些草是如何割完的，我怎么也回忆不起来了，我只记得，那个冬天我再也没有感觉到寒冷。

> 不论生命如何卑贱，
> 我们都要面对，
> 因为这就是生活。

| 面对心湖

当一个人的灵魂超越在精神之上，当一个人带着这样的灵魂去回忆他的过去的时候，他获得了自由的意志，进入了人生更高的境界里，我所说的并不只是我自己，当我们把思维伸向更为广大的空间中，我们会发现这是我们人类共同的命运。

在 3500 多年前，一个成长在皇宫中和王子称兄道弟的奴隶，在被流放的荒漠中遇见了自己的神，得到了启示，他回到埃及，将自己受苦受难的同胞们带出来，在《圣经》中，这段传奇被称为《出埃及记》，这段历史造就了今天的以色列民族。我们每个人都应该对自己的命运、对自己的人生经历做一次溯源和整理，由此，找到自己生命的逻辑。当然，我不是说我们要像摩西一样去改变一个民族，但是我们至少可以改变自己，我们至少可以改变我们的家庭，我们至少可以改变我们身边的人。

此时，当我站在讲台上面对全国各地来的企业家们发表演讲的时候，我希望自己能改变他们的思想，改变他们的命运，通过改变他们来改变他们的家庭，改变他们的员工，这就是我的理想，也就是我今天为什么要通过这样一种方式写这本书的原因。也许这本书并不完美，但只要你去读，只要其中的某一句话能帮到你，我就心满意足了。

我将我外公的故事分享给你们，因为当我分享的时候，我分享的并不仅仅是我外公的故事，而是分享他人生的格局，他的爱、他的善良，等等。

外公是一个平凡的农民。他的快乐、幸福都非常简单，他抽烟，当然抽的是最便宜的，不开心的时候，他就默默地坐在一边抽上一根烟，然后站起来，对我说，大宝，我们出去转转，这些就像在昨天发生一样。外公最快乐的时候就是喝酒，当然，喝酒的机会并不多，也就是逢着有人办红白喜事的时候，每次外公都会带着我去，显然，酒席上有肉吃，对我来说，没有比这更让人开心的事情了。每逢酒席，外公只有一种结局——喝得醉醺醺的！他不仅和自己一桌的喝，还要到隔壁桌，甚至要喝整场，我想，在酒场上，他是个将军，更准确地说，他是个逢酒必醉的常醉将军。

散席了，酒也喝多了，他就晃悠悠地往家走，往往总是走在半道上钻进草垛，在里面呼呼大睡，一觉睡醒了天也黑了，酒也醒了，回家后总是免不了受外婆的一顿臭骂，每每这个时候，外公笑呵呵的，什么话也不说。

不论生命如何卑贱，我们都要面对，因为这就是生活；不论我们的生活有多么艰难，充满多少挫折，我们都不能躲避，更不要去咒骂。其实，生活有的时候并不像我们想象得那么坏，即便贫穷，只要热爱自己的生活，你就生活在天堂里面。

最近这两年，我发现一些内心安宁的人，不管在哪里都是幸福的，都是富有的，你看那些生活在农村的人，那些很多人眼中的穷人，他们过的却是最独立、最不羁的生活。

> 如果我们一直陷在痛苦里面，
> 我们这一生都不会幸福。

▎痛苦的根源

　　贫穷，其实并不是一件很糟糕的事情，不是吗？最贫穷的时候，外公带着我出去讨饭，但即便到了今天，我并不认为和外公一起出去讨饭是一件很丢人、痛苦以及让人自卑的事情，在这个过程里面，反而充满了乐趣。

　　直到今天我还怀念那种感觉，当然，我们也不是挨家挨户敲门讨饭，严谨地说，应该是外公带着我一块去走江湖卖艺。

　　我们这一生，痛苦的根源大多来源于自己的非分之想，我举个例子，比如说你原本是一棵小草，你却梦想成为一棵参天大树；你是只蚂蚁，你却想成为一头大象；你是一条只能生活在水里的鱼，你却梦想成为一只飞鸟……这些根本不能成为现实的事情，这些你无法实现的期待，时刻折磨着你，这些就是痛苦的根源。如果我们一直陷在这些痛苦里面，我们这一生都不会幸福。

道理非常简单，但是我们却一直生活在痛苦之中，这是为什么呢？为什么我们这一生，我们这一年，我们这一个月，我们这一天，甚至我们这一个小时都感觉不到幸福？

如果你想要摆脱这种痛苦，我分享给你一个最简单的方法，那就是拥有当下。

不管你在做什么，不管你在思考什么，不管在什么地方，只要你拥有当下的一切，在当下这个时刻，那些折磨你的，自然就会消失不见。

那个时候，外公带我去讨饭，往往天还没有亮，我们就出发了，但目的地是哪里，我不知道，外公没有告诉我，我也不会问，我们只有一个大概的方向，然后朝着那个方向翻几座山，走得尽量远一点。

我想这是外公给自己和我的最后的尊严，当然，也有可能附近的地方也很穷，而远一点的地方可能富裕一些。

在陌生的村子里面，外公挑个人多的地方，搬块大石头，坐在上面，架上二胡，拉上一曲《夫妻双双把家还》，不一会儿，大人、小孩子都聚集过来，有时候，在外公的指挥下，我也跟着唱几句：

树上的鸟儿成双对，

绿水青山绽笑颜。

从今再不受那奴役苦，

夫妻双双把家还。

你耕田来我织布，

我挑水来你浇园。

寒窑虽破能抵风雨，

夫妻恩爱苦也甜。

你我好比鸳鸯鸟，

比翼双飞在人间。

……

好心人往往在这个时候给我们一些吃的，也有些人给些稻米，但我记得好像从来没有人给我们钱，有可能当时外公只是讨些吃的。

有一天，有一个和我妈妈岁数差不多的阿姨，或许是看着我可爱，从口袋里掏出一块糖给我。哇！那种感觉简直太幸福了，因为在此之前，我只见过糖果，却从来没有吃过。我记得那是块水果糖，我满心欢喜地从那个漂亮的阿姨手里接过来，赶紧揣进裤兜里，用手捏住裤兜，生怕丢了。等我们离开那个村子，我才把糖掏出来，递给外公说："外公，你吃！"

外公把我抱起来，心疼地看着我笑了。他用牙齿把那块糖咬成两半，他一半，我一半。我们一边吃一边笑，那种感觉简直太幸福了，现在回头想一想，那个时候，或许才是我人生幸福之旅中真正的巅峰时刻。

还有一次，我们翻了座很大的山，大约是傍晚的时候，我们才找到一个村子，村口有一户人家的房子盖得非常气派，那是一座新建的瓦房。那户人家门口没有人，大门也是关着的，外公喊了几声也没有人应答，于是，他就带着我趴在窗台上朝里面看，屋子里面更漂亮，有衣柜、梳妆台、缝纫机，还有我从来没有见过的电视机。

外公说："大宝，什么时候我们有这样的屋子住就好了。"

那个时候，我对漂亮是没有准确的定义的，我只对那台电视机感兴趣，我说："原来大明星就住在那么小的盒子里。"

外公听我这么说，禁不住大笑起来。

就在这个时候，那户人家的大门从里面打开了，主人手里抓着根扁担追了出来，他把我和外公当作小偷了。

外公赶紧解释说，我们是讨饭的，不是小偷，可别人不信，要饭的朝人家家里看什么呢？

我们越解释，人家越打，外公拽着我就往村外跑，一直跑到天快黑了。也许你会问我，你害怕吗？要是被人抓住了，可能真的被当成小偷打死了。其实，我真的没感觉到害怕，就是记得那天没吃饱，越跑越累，后来，我实在跑不动了，外公找了一个草垛，他在草垛中扒出一个洞，我们钻进那个洞里面，外公再把洞口用稻草堵上，在黑暗的稻草洞里，外公搂着我，就组成一个小小的家。

那天晚上，风非常大，一阵阵打在草垛上，吹得呼呼作响，就像很多人在赶集一样，有人在卖水果，有人在卖猪肉，有人在卖菜，大家讨价还价，论斤买卖，在这样的声响中，在外公温暖的怀抱里，我沉沉地睡去，白天经历的一切，随着风早已烟消云散。

> 痛苦终将过去,但是美丽永存。

| 妈妈,我爱你

生活,对我们每一个人来说都不是一件容易的事。在生活面前,我们每一个人都必须拥有坚韧不拔的精神,因为生活的本身就是一座又一座山,远远地看过去,生活之群山很美,甚至让人以为翻越这些山并不难,但当我们深入其中就会发现,如果你想征服高峰,却不是件容易的事,尤其像珠穆朗玛峰这样的。首先,你要相信自己;其次,要真正懂得付出,也就是说,为了登顶,不管付出怎样的代价,都必须坚持下去,只有这样,当我们的生命有一天走向终点的时候，我们才能问心无愧地说，这辈子已经尽我所能了。

我并非生来就是一个性格温和的人，我很早就知道，像我这样一个粗线条的人，即使别人打我一顿、骂我一顿，我也不会受伤，甚至不会太过伤心，因为在我生命的头几年里面，外公沉静、温和的品格让我受益匪浅，让我不论未来遇见什么都不会压抑自己，都不会隐藏自己的能量，更绝对不会像中国传统女性一样逆来顺受，这些品格反而让我在困难中学会欣赏生活中的种种，甚至在最困难的时候也会用乐观的心态去面对和接受，学会去改变，学会在困境中仰望星空，眺望星辰。

大约在我八岁的时候，我离开了外公家回到了叶宝村，原因很简单，母亲已经被医生宣判死刑——肝癌晚期，活不过三个月了。母亲只能回到家里静养，而我的父亲也没有一份正式的工作，只能在外面打零工来养家，因此，八岁的我必须扛起照顾母亲、照顾弟弟的担子。

我记得从外公村里的学校转学到叶宝村小学的时候，我的好朋友都依依不舍，但是面对生活的汪洋大海，年幼的我又能做什么，又能有什么选择的权利呢？

"痛苦终将过去，但是美丽永存。"我不记得这句话是出自哪一位伟大的哲学家，每当我想起离开外公家、离开学校的时候；每当我想起当我推开家里的大门，看见一贫如洗的家的时候；每当我想起外公告诉我，大宝，你必须回去照顾你的妈妈、照顾你的弟弟的时候；每当我想起第一次看见妈妈躺在病床上，那蜡黄的脸以及奄奄一息的样子的时候；每当我想起我的弟弟趴在床头，他甚至什么都不知道的时候……我告诉自己，八岁时的我面对这一切都没有任何恐惧之心，那么现在的我，无论遇到什么问题，遇到怎样的挫折和困难，都不算什么。

我记得有这样一个故事，说的是一个人看到三个石匠都在雕刻石像。

他问第一个石匠："你在做什么？"

第一个石匠回答他："我正在凿石头，凿完石头，我就能回家了。"

他又问第二个石匠："你在做什么？"

第二个石匠说："我正在凿一座雕像，虽然很辛苦，很不容易，但是我必须做，因为我要养家。"

最后，他问第三个石匠："你在做什么？"

第三个石匠放下锤子，他骄傲地指着自己的作品说："你看到了吗？

我正在雕一尊佛像，每个看到这尊佛像的人都被它的尊贵、华美所吸引，都会被它的慈悲所感染，都会赞美它，这种赞美声能让我的心平静下来。"

同样是在凿石头，同样是石匠，但是三个人的结果却不一样。一个人的初心，决定了结局。

你的初心是天堂，不论你经历了什么，不管你走到哪里，都是天堂里发生的事情；你的初心是地狱，不论你得到了什么，那也是在地狱中得到的东西。

> 亲爱的妈妈,
> 鱼和羊合为一体,
> 才能组成真正的鲜。

| 鱼羊鲜

那一天,外公把我送回家,我推开房门,躺在床上的妈妈看到我,她眼里噙着泪水,一句话都说不出来。

外公贴在她的耳朵边,对她说:"我把大宝送回来了。"

她微微地点了点头。

外公就这样打了声招呼,走了。也许,他不想让女儿看见自己哭泣的样子,外公一向如此。

痛苦的根源

我看着病床上的母亲，她的苍老模样远远超过了她的同龄人，那时候的我，并不知道死亡真正的含义是什么，但是我知道，我要将我知道的所有好的东西都给这个女人——这个生育了我、将我带到这个世界上的女人。

外公经常带我出去吃酒席，最好的一道压轴大菜是一锅鱼，这道菜上席了，主客动了筷子，其他人才能动筷子，因为好吃所以往往供不应求，而外公总是会帮我捞一条。那盘鱼的做法也很特别，把鱼肚子掏干净，再往里面塞上肉，炖成一锅，香飘十里。当然，这也是当时我吃过的最美味的东西。

我回到家第一件事情就是想把这道菜做给妈妈吃，于是，我在家里找出渔网就出去捞鱼。我的运气比较好，在一条小河沟里抓到两条巴掌大的鲫鱼，又用外公留下的零花钱在集市上称了二两瘦肉，我至今还记得，那时候的瘦肉比肥肉要便宜，可能是肥肉油水多的缘故吧。

回到家，我按照自己的想象将那两条鱼做出来，小心翼翼地端到妈妈面前，推着妈妈的胳膊，喊她起来吃，开始的时候，她没有搭理我，我想她可能是睡着了。我把那碗鱼放在妈妈的床头，我的弟弟在一旁咽口水，我怕他偷吃，于是把他哄出去，把房门关上。

我和弟弟趴在窗台上，我看着病床上的妈妈，心里琢磨着，她什么时候能醒过来；弟弟看着床头上的那碗鱼，他把手指塞进嘴巴里，口水流满了下巴。

没过一会儿，妈妈慢慢地从床上坐起来，靠着枕头，床头鱼的香味吸引了她，她一把端起碗来，狼吞虎咽地吃起来。那个时候，她真的根本就不像一个只剩下三个月生命的癌症病人，或许，将死之人都是这样的吧？

后来，妈妈逢人就说，这道菜是她这辈子吃过的最好吃的。

这件事过去了十几年，有一个晚上，在石家庄的一家度假酒店，我和一个北京的作家朋友谈起来，他对我说："你知道吗？这道菜你做错了。"

我问他："哪里做错了？"

他说："鱼肚子里塞的不是猪肉，应该是羊肉。"

我恍然大悟，鱼和羊合二为一才为鲜，原来这道菜叫鱼羊鲜。

原来，当年妈妈一生中吃得最好吃的一道菜叫这个名字；原来，妈妈最爱吃的这道叫鱼羊鲜的菜我却做错了。

如果时光可以倒流，如果可以的话，我想给我的妈妈再做一次这道菜，我会找遍全世界最好的鲫鱼和最好的羊肉……

这一次，我会告诉她：亲爱的妈妈，鱼和羊合为一体，才是真正的鲜。

第四章

一 捕鱼人

捕鱼人
人都是哭着来到这个世界的
美梦成真
最初的攀登
一切都会成为过去

> 欢乐或痛苦的，
> 好的或不好的，
> 它们就像两根麻绳搓在一起，
> 形成一股麻绳。

| 捕鱼人

如果说生活的本身是一片海，那么，我们每一个人都是这个汪洋大海中的船长，我们的父母、兄弟、姐妹都是这艘船上的船员，在这片大海上发生的所有的事情，阳光的或阴冷的，欢乐的或痛苦的，好的或不好的，它们就像两根麻绳搓在一起，形成一股麻绳。

我一会儿伤心，一会儿高兴，伤心的是我不知道我的妈妈还能陪我多久，高兴的是我终于又能和妈妈生活在一起，终于，我能享受到母爱，哪怕是我必须照顾她和弟弟。

　　8 岁以前，和外公生活在一起的时候，我认为，我的性格和我的外公一样，不管遇到什么样的事情都不会去抗争，我甚至从来不知道抗争的方法，外公没有教给我，但是，抗争是一种生存本能。

　　我和弟弟趴在窗台上，看到妈妈狼吞虎咽地吃完那一碗鱼后，我在心里面暗暗发誓，每天都做一碗鱼给妈妈吃，但是，我的运气不会天天那么好，都能在溪流里面抓到两条鲫鱼。

　　我想到一个方法，往村头的河里下鱼篓。以前，外公带着我赶集的时候，我曾经看到过有人卖鱼篓，5 块钱一个，外公给了我 10 块钱，除了买肉和买盐之外，还剩下 4 块多钱，只能讨价还价买一个鱼篓。

　　第二天一大早，我就去集市上买鱼篓，回家后，带着弟弟挖了蚯蚓，然后把鱼篓放到村口的河里去了，中午吃完饭，去捞鱼篓的时候却怎么也找不到，难道是被水冲走了吗？不会呀，我明明把鱼篓上系的绳子拴在河岸边的一棵柳树上，为了记住那棵树的位置，我还用石头在树上狠狠地划了三道印记，那是河岸边的第六棵树，我数过的，并且这棵树上的印记还在，只有一种可能，那就是鱼篓被别人收走了。

我站在河岸上破口大骂:"是谁这么缺德,偷走了我的鱼篓,我的妈妈还在家等我去做鱼给她吃,我妈只能活三个月了,你偷走一个将要死的人的鱼,你是不是也活不长了?偷了我的鱼篓的人,你吃了是要去死吗?"

在极度的愤怒中,我根本没有去思考用什么样的语言合适,只顾着将自己心中的愤懑和绝望宣泄出来,但这却恰恰是当时的我最真实、最自然的状态。是啊,一个只有8岁的孩子,面对只剩下三个月生命的妈妈,除了抓几条鱼给她吃,还有什么更好的办法吗?现在,鱼都被偷走了,除了咒骂,还有什么更好的办法?

当时,在我的心里面,只想着那个鱼篓和两条活蹦乱跳的鲫鱼,但是,现在什么都没有了,我拿什么回家做给妈妈吃呢?我的妈妈还在等着,等着我回家做鱼。想到这里,我大哭一场。

如果我们将我们的思维压制在狭小的想象空间里，
那么，我们就会裹足不前。

| 人都是哭着来到这个世界的

　　人都是哭着来到这个世界的，因此，哭是人类的本性。在痛苦的时候，我们才会觉察到，和哭一样，痛苦也是人类的本性。

　　在我们的脑海里，一旦认定了某件事情是这样的一个结果，即使我们一开始认定的结果是错误的，我们也很难改变我们的初衷，无论这个初衷是有意识的，还是无意识的；是正确的，还是错误的；是欢喜的，还是忧伤的，而当我们发现，原本的初衷是错误的，在巨大的不幸面前，我们就会产生绝望的情绪，这种情绪让我们痛苦，然而，如果我们仅仅将我们的思维压制在狭小的想象空间里，那么，我们就会裹足不前。

如果你想改变，那么唯一的方法就是让自己接受事实，接受已经发生的事实，说得更具体一点，你必须要舍弃身上固有的一些习惯性思维。

8岁那年，我认为用一个5块钱的鱼篓一天可以抓住两条鲫鱼，我不知道当那个鱼篓被别人偷走的时候，我还有什么办法，除了去接受这个事实。

当我接受了这个事实之后，接着就想每天必须至少抓两条鱼给我的妈妈吃，我必须要马上找到解决的方法。

在这样的思维下，我想到了，在我去集市上买鱼篓的时候，看到旁边有人卖蔬菜，我们家的菜园里面，妈妈也种了一些蔬菜。于是，那天下午我就把菜园里的蔬菜摘了一篮子，但是当我到集市的时候，已经是下午两三点钟了，集市上根本就没有什么人，我这才想起来，赶集一般都是在早上，一到下午，就没有人摆摊了。

我一个人提着一篮蔬菜，从集市的东边走到西边，再从西边走到东边，我想无论如何我都要卖掉这篮子蔬菜。

我来回走，一直走到傍晚，天都快黑了，也没有一个人来买我的蔬菜，可是我知道我不能放弃，不能回家。如果没有把这篮蔬菜卖出去的话，妈妈就没有鱼吃，这个时候，我又想到了那个偷走鱼篓的人，恨得咬牙切齿。

但是，无论我怎样去怨恨，我都没有办法改变鱼篓已经被别人偷走的事实。如果这篮子蔬菜卖出去了，用换回来的钱我就可以再去买鱼篓。

我不记得在哪一本书里面看到过有这样的一个故事，是说有一个人满世界去挖钻石，但怎么也挖不到，最后他回到家里，发现钻石就在自己家的院子里。

其实，我们都在寻找自己内心的那颗钻石，只不过有些人耗尽了一生也找不到，我就希望能找到生命中的那颗钻石。所以，即使天都快黑了，我还没有放弃卖菜。

终于，有一个大伯过来了，他可能是看到我提着满满的一篮子蔬菜已经走了很久了，他问道："小姑娘，你这个蔬菜怎么卖？"

我说："大伯，8块钱一篮子蔬菜全给你。"

他摸了摸我的头，笑着说："大伯给你18块，你把蔬菜给我，赶快回家吧。"

他从口袋里掏了18块钱给我，那个时候，我傻傻的，根本不懂什么叫感恩，甚至连句谢谢都没有说，把钱接过来就跑到卖鱼篓的店里换了4个鱼篓。我算过一笔账，如果用一个鱼篓能抓两条鲫鱼，那么4个鱼篓就能抓8条鱼，妈妈吃4条，弟弟吃4条。

拖着4个鱼篓走在回家的路上，我又开心起来，对未来的生活充满了希望。

现在回头想想，真的，不管你遇到什么样的困难都不要放弃。做一件事情时我们会在什么时候产生放弃的念头，到底是在什么时候呢？其实，就在我们有可能再走一点就能到达目的地的那一刻，事实上，很多人在这个时候都会产生错觉，因为已经走了太多太多的路，已经等了太久，真的累了，以为那看不见摸不着的目的地，可能还在很遥远的地方，也可能目的地根本就不存在。

很多人失败并不是一开始就失败，而是失败在即将成功的时候。

同样还是钻石的故事，有一个人听到有人在自己家的院子里面挖到了钻石，于是，他回到家拿起铁耙就在自己家的院子里挖，可是，他挖来挖去，挖遍了整个院子也没有挖到一颗钻石，最终，他选择了放弃，还把自己的家卖给了别人，不过买他院子的人，再往地下挖一厘米就挖到了钻石。

我们看一看自己身边，不管是在哪个行业、哪个领域取得了成就的人，哪怕他仅仅是一个做馒头的，必然是那个在最困难的时候没有放弃的人。

那天，我在集市上走了整整一下午，我没有放弃，你知道为什么吗？

因为我想让我的妈妈、弟弟能吃到鱼，因为我对他们的爱，才让我坚持了下来，因此，我感恩我的妈妈、我的弟弟，因为你们，我学会了坚持；因为你们，八岁的我学会了坚持。

人生真是这样，不知道从哪一天开始，我成为自己想要成为的那个人，我的人生真的像我所希望的那样发展下去，直到今天。

你和我一样，只要你愿意。

> 一个人如果不能对未来有客观的态度，那么，在他内心中萌生的那种不安的情绪会让他背上沉重的包袱。

美梦成真

一个人如果不能好好地面对过去，一个人如果不能对未来有客观的态度，那么在他内心中萌生的那种不安的情绪会让他背上沉重的包袱。如何面对过去的经历和对未来的不安情绪？很多人采取的方法是在心里默默地承受，因为他把这些当成自己的隐私，不想让任何人知道，不想让这些不为人知的秘密成为别人嘲笑自己的把柄。

其实，用写作的方式把这些心底的秘密清晰地表达出来，你不仅可以直接看到自己的内心，还能直接面对自己内心的情感，这样一个过程可以让我们更加清晰地看到真实的自己，那些过往的经历和对未来的渴望，那些最为真实的情感，将会变得更加直观，同时也更加客观。

很多年后的今天，当我回忆起我的童年，当我回忆起这十几年的经历的时候，虽然它充满了泪水，充满了挫折，但是我并不觉得内心有多少痛苦，反而，这些挫折和经历不断地激励着我，不断地让我反省，让我总结，人这一辈子到底应该怎么活？我想，在每一个阶段，我都会有我的理解，总有一天，我会回答我自己，人生到底是什么？

记得那天傍晚，我拖着四个鱼篓从集市赶回家，连夜去地里挖了好多蚯蚓作为鱼饵放在鱼篓里，再把鱼篓放在河岸不同的地方。因为有上次的丢鱼篓的经历，我选择晚上去放，一大早去收，我心想，总不至于晚上也有人去偷鱼篓吧。

那天晚上，我做了一个梦，我梦见每一个鱼篓里面都有好多鱼，妈妈吃了鱼，有了力气，可以下床走路了，弟弟在一旁开心得手舞足蹈。

清早，我飞奔到河边。拉起第一个鱼篓时，感到沉甸甸的，我想，收获一定不小，拉上岸打开一看，哇！真的像梦里一样，鱼篓里的收获甚至比梦里的还要多，虽然一条鲫鱼都没有，但有一条足足三四两重的大黄鳝，还有好多手指长的河虾，第二个鱼篓同样收获不小，有几条胖泥鳅和十几只河虾，同样，第三个、第四个鱼篓也是大有所获。我开心坏了，把四个沉甸甸的鱼篓拖回家，在堂屋里，把所有的黄鳝、泥鳅、河虾倒出来，满满的一地，足足有三四斤重。

妈妈看了说："大宝，这么多虾子，我们吃不了，你拿去集市上卖了，换些钱回来。"

我说："好的，妈妈。"我想，家里现在缺的就是钱，如果有了钱，就可以天天买肉给妈妈吃，妈妈吃了肉，身上有了劲儿，就能下床走路了。

现在想一想，我真的太天真了！是啊，对一个只有八岁的孩子来说，生病就是没力气而已，就像一个没吃饭的人，力气来了，病就走了。

我听妈妈的话，把河虾挑了挑，选了一些大的虾，找个竹篮子垫上块毛巾，装了一些，再洒些水在上面，提到集市上，没想到这些活蹦乱跳的虾居然非常受欢迎，不到一会儿就被人抢光了，事实上，我前脚提到集市上，后脚就被两个人给"包圆"了。我数了数手上的钱，足足赚了三十二块钱。我去猪肉摊上，称了半斤瘦肉、半斤肥肉，心想，这下弟弟也有肉吃了，不用趴在窗台上流口水了。

在回家的路上，我看到一个诊所，里面有一个穿着白大褂的医生，正在给别人挂水，我趴在门口朝里面看，看了半天，心想，原来医生给病人治病就是这样的，但是我妈妈为什么躺在家里，病得这么厉害，为什么没有人去给她挂水呢？就是因为没有钱。

我一直趴在门旁看，直到那个病人挂完整整的一瓶水，医生嘱咐说："回家多喝点开水，好好地睡一觉就好了。"

我心想，妈妈就是因为没有挂水，所以病才没好。

等看病的人走了，我终于鼓起勇气，问医生："我妈妈也病了，你能不能去我家里给我妈妈挂水？"

医生对我说："小丫头，你妈妈得了什么病？"

我说："我也不知道，她就是没力气，躺在床上。"

医生又问："你家里人呢？"

我说："爸爸出去找副业了，家里就妈妈、弟弟。挂水要多少钱呢？"

医生看我一脸认真的样子，对我说："你带我回家看看你妈妈吧。"

这个世界上还是好人多。我走在前面，医生背着医疗箱走在后面。我想，这下我妈妈有救了。

> 人生就是一个攀登高塔的过程，
> 我们每攀登一层，
> 就会看到不一样的风景。

| 最初的攀登

　　人生有的时候就像一座高塔，这座塔最多也不过 100 多层，但它却是我们每个人都要去攀登的。对大多数人来说，最初的攀登都是容易的，因为有爸爸、妈妈，有哥哥、姐姐，有很多长辈、亲人，因此，最初的攀登虽然很慢，但却足够安全，更多的时候，不需要自己去承担任何风险。

　　人生就是一个攀登高塔的过程，我们每攀登一层，都会看到不一样的风景，我们所遇到的事物都是新的，这就是我们的人生，在这个过程中，我们才能找到真实的自己。

那天，我把医生请到家里，当时我心里想，只要能挂水，妈妈肯定就有救了，但是，当医生知道妈妈是癌症晚期的时候，他只是安慰了妈妈，他说："没事，很快就会好！"说完，他提着箱子就要走。

我跟到门外，扯住医生的衣角，我说："请你救救我的妈妈，给我妈妈挂瓶水吧。"

他看着我的眼睛，半天说不出话来。

医生走了以后，我想，一定是他看到我们家里穷，没有钱，所以才不给妈妈挂水。

那天下午，我又去下鱼篓，这一次，我放了更多的蚯蚓，还特意炒了点米糠，放进鱼篓。我想，等我卖虾赚够了钱，一定能请来医生，给妈妈挂水。

第二天，我卖完虾，又守在诊所门口。等看病的人走了后，我才过去问医生，给我妈妈挂水需要多少钱。

医生安慰我说："你妈妈即使不挂水病也会好的，不是钱的问题。"

我说："那是什么问题？"

他答不上来。

我说:"妈妈天天晚上喊疼,挂了水,妈妈就不疼了。"

医生看着我的眼睛,喃喃地说:"那就挂一瓶水试一下。"

我把身上所有的钱都掏出来,塞到医生手里,可是,他只收了20块钱。他说,等下午诊所没人的时候,他再去家里给妈妈挂水。

我想,这下妈妈真的得救了,至少,她应该不会那么疼了。我算了笔账,每天卖虾大概能赚30多块钱,除去挂水的钱,还有剩余,真的是天无绝人之路。

人生在世,我们究竟应该怎么活,这几年,我曾无数次思考这个问题,很多人选择活得自由自在一些,糊里糊涂地过完一生,在他们看来,这样不也挺好吗?没钱花的时候,有人把钱送到他手里,有钱花的时候,在家里哄一哄老婆,这也是一生。我觉得,一个人如果选择这样活着,那么,他和死人又有什么区别呢?

有人说,人生本来就是一场虚空。我们所追求的,我们所渴望的一切,包括物质上的财富、感情上的满足,正因为这些欲望和贪念,让这个世界产生了恶,产生了痛苦。

佛家说,人生本就是一个虚空的过程,我们所拥有的总有一天都会失去。在我看来，因为虚空，我们才更应该去追求人生的意义，实现人生的理想，探索人生的真理，这个过程，才是真正的人生。

> 衡量这个世界的，不是距离，
> 而是时间，
> 因为时间的存在，
> 生命才有意义。

｜一切都会成为过去

生命是有重量的，同样，时间也有重量。衡量这个世界的，不是距离，而是时间，因为时间的存在，生命才有意义，我们才有过去，才有当下，才有未来；我们才有回忆，才有希望。因此，不好的日子，不好的岁月，不好的时间，它会沉重一些，让你感到度日如年，然而，快乐的日子，快乐的岁月，快乐的时间，往往我们还没有反应过来，它就已随风而逝。

此时，如果你感觉到幸福，正过着好日子，你就要停下来，慢慢地品味，就像喝一杯茶一样；倘若是坏日子，就要飞快地过，不要回头去看。

为了能多赚些钱，为了能保证每天给妈妈挂一瓶水，我想尽了抓虾的办法。我想，没有人比我更加熟悉那条我放鱼篓的河，在哪里下篓子，什么时间收篓子，从下4个鱼篓到下6个鱼篓，最后，最多的时候，我下8个鱼篓，一个晚上最多能收获七八斤虾。

我一般是当天凌晨收篓子，当天早上就卖光了，每天都是最新鲜的虾，而且是纯野生的，因此，逐渐地我有了一些老顾客，有人甚至提前预订，每天一到集市上，虾就被一抢而空。相比集市上别人家的虾就不那么好卖了，一是他们的虾是养殖的，二是他们的虾经过几道手肯定没有那么新鲜。后来，我甚至亲眼看见他们为了让自己的虾看起来更新鲜，往里面倒药水，这让我更加坚定了主打野生虾的招牌。

生意好的秘密就在于打出你的特色招牌，在很小的时候，我就懂得这个道理。因此，每当顾客来买虾的时候，我就告诉他，我晚上下的篓子，早上捞的虾。野生虾，这个词几乎对所有人都非常有杀伤力，谁不想吃到真正的纯正的野生虾呢？因此，别人为了抢客户卖8块钱一斤，我不仅不降价，反而涨了2块钱，卖12块钱一斤。顾客不仅没有被抢走，反而，我的生意更好了，因为他们的低价反而更加衬托出我的虾好，因此，往往早上一出摊，不到一会儿，我的虾就被一抢而空。

但是，这样的结果并没有给我带来更好的运气，另一家鱼摊就在我的摊位对面，是两个比我高好几头的男孩的，他们每天看着我的生意好，自己却卖不动，早就看在眼里恨在心里。

终于有一天，有个男孩冲过来，威胁我说："你以后不准在这个集市上卖虾！"

我说："凭什么！"

他说："不凭什么，就是不让你卖了！"

我想，如果不让我卖虾，就等于要了我妈妈的命。所以，无论如何我都要占住这个摊位，于是，我坚决地告诉他："不可能！"

第二天，我准时出摊。果然，警告我的那个男孩带了一帮人凶神恶煞地跑过来，不由分说先掀翻了我的摊位。

我马上还击，和他们打成一团，但是，我毕竟还小，而且还是个女孩，被人一推就倒在地上，根本连还手的机会都没有，但是我拼了命，这一架，打不过也要打。不知道谁用秤砣砸到我的额头上，砸得我血流满面，至今，我的额头上还留着那块伤疤，当时，我的弟弟在一旁吓得号啕大哭。

血顺着额头，顺着我的眼睛往下流，让我看到什么都是红彤彤的，但是我并没有哭。众人都围拢了过来，有人站出来指责他们欺负一个小孩，而我，却只顾着把散落一地的虾捡到筐子里面，因为无论如何，我也要赚够妈妈挂水的钱。

后来，我去诊所简单地处理了一下，这个事情就草草结束了，我没有再去找他们，他们也没有再找我的麻烦，我想，可能他们也看到了，除非他们一秤砣砸死我，否则我还是在那里卖虾，显然，他们并没有砸死我的胆量。

我是不畏惧死亡的，从小就是。死亡到底是什么？我不记得在哪本书里面有一位哲学家是这么说的，他说，只有死亡和阳光你无法凝视！确实是这样的，我们不能一直盯着太阳看。

在诊所简单地包扎后，医生说，他不能每天都去家里给妈妈挂水，诊所太忙了，只有他一个医生，有时候，根本走不开。

我说："妈妈每天都要挂水，那怎么办呢？不然，你来教我怎么扎针吧。"

他将信将疑地看着我,说道:"你行吗?"

我说:"试试!"

医生就把药水配好,让我拿回家,对我说,不行的话,再来找他。

挂水,最难的就是扎准血管,我怕扎错了血管,弄疼了妈妈,所以,在给她扎之前,我只能在自己身上试。因为我的血管更细,我试了好多次,也找不到血管的位置,左手的手臂上布满了针孔。

也许你会问我,难道你不知道疼吗?这个世界上怎么可能会有人不知道疼呢,更别说是一个只有八九岁的孩子?我只是不想让我的母亲更疼一些,因为看着她疼得痛不欲生的样子我更难受。

第五章

一 忍着不死的妈妈

忍着不死的妈妈
与你的世界和解
老园丁
最后的嘱托

> 因为爱，我愿意付出；
> 因为爱，我不知道什么叫作屈辱。

| 忍着不死的妈妈

有时候，我想一想，苦难，到底是一种屈辱，还是一种财富？当我们战胜了苦难，苦难就会变成我们的财富，因为它锤炼了我们，改变了我们的性格，磨炼了我们敢于承担、敢于拼搏的精神；但如果苦难战胜了我们，那么，它就变成了我们这一生中的屈辱。

后来，医生很少再去我家里给妈妈挂水，因为我已经熟能生巧，我只要从集市上带回一瓶配好的药水，就能给我妈妈挂水了。

忍着不死的妈妈

有时候，我想生命本身就是一个奇迹。妈妈原本已经被医生宣判只能再活三个月，但是，感谢上天，感谢妈妈，她又陪了我很长一段时间。

这一切都是因为爱。因为妈妈舍不得离开我，舍不得离开弟弟，舍不得离开那些充满苦难的日子，舍不得离开这个贫穷的家。

当一个人知道自己只有几个月的生命的时候，每多活一天，都认为是赚来的，妈妈就是这样。后来，她不仅不再畏惧死亡，反而经常拿死开玩笑。事实上，人怎么可能不畏惧死亡呢？我想，那时候妈妈只是担心那一天到来时，我和弟弟会害怕，所以，她强颜欢笑。她宁愿咬着牙坚持下来，宁愿忍受病痛的折磨，她也要看着我们成长，哪怕多看一天也好，这就是我的妈妈，我的忍着不死的妈妈。

有句话说，母心如水，子心如石。什么意思呢？母亲的心像水一样柔软，但是孩子的心却像石头一样坚硬，难道不是吗？不管你多大，在妈妈的眼里永远都是孩子。就算你已经成家立业，就算你早就闯荡天涯，在商场上叱咤风云，但是妈妈依然放不下心。

春秋时期，郯国的国师郯子是一个非常孝顺的人，他的母亲眼睛不好，于是，他四处求医。他听说鹿的乳汁可以治好母亲的眼睛，他就披着鹿皮，混到鹿群里面。有一天，一个猎人把他当作鹿，正准备射时，他赶紧大叫说自己不是鹿。后来，在猎人的帮助下，他终于取得了鹿乳并下了山。

靠捞虾卖虾毕竟无法解决家里长期的穷困状况，到了立冬，基本上就捞不到虾了，于是，我想到了卖菜，不仅卖自己家的菜，还从小商贩那里批发一些，好在之前卖虾积累了一些老顾客，我的生意还不算太坏。

我感恩那个集市，感恩每一个人。那几年，我想我的内心就像一面冰冷的混凝土墙，不论遇到什么都纹丝不动，我所做的一切，都是为了妈妈能多活一些日子，此外，我对什么都无动于衷。我记得也有男生追求我，但大多数都被我打回去，是拳打脚踢的打，而且，大多数男生也打不过我，逐渐也就没有男生敢靠近我了。

后来，妈妈身体好一些了，能下床了，我带着弟弟去几公里外的学校上学，妈妈每天都坚持送我们姐弟俩走一段路，我和弟弟也有默契，每次都在妈妈送完我们往回走的时候，偷偷地跟在她后面，直到她安全地进了家门。

我的学习成绩不太好，放学的铃声一响，我总是跑在最前面。

我记得有一天，放学的时候天已经黑了，那是冬天，应该是过了冬至，风裹着麦地的味道直往人怀里钻,我跑回家时,天几乎已经黑透了。我习惯性地喊妈妈,可是屋子里没有答应声。事实上,我曾无数次想象有一天,我和弟弟回家时,妈妈已经不在了,因此,回家第一件事就是喊妈妈,听到她的声音,悬着的心才放下来。

我有一种不祥的念头,那种感觉就像在冰冷的冬天掉到冰窟窿里,从脚趾到头顶每一寸皮肤都发麻。心里想的事情难道真的成为现实了吗?妈妈已经不在了吗?

越是这么想,我越不敢往屋子里面走。也许,妈妈睡着了,于是,我又喊了几声:"妈妈!妈妈!妈妈……"

依然没有应答。我推开里屋的门,妈妈不在床上,我松了口气,但是,妈妈去哪里了呢?我想起来,那天中午,妈妈像往常一样,送我和弟弟上学,但是,我和弟弟却没有像往常一样,偷偷地跟在她后面,送她回家。

我带着弟弟沿着上学的路找,在漆黑的田野里,我和弟弟一路小跑,一边喊着:"妈妈!妈妈!妈妈,你在哪里?你到底在哪里?"

"大宝,大宝,我在这里!"微弱的回答声像是从水田底下钻出来的一样。

我和弟弟循着妈妈的声音，在一个田埂下面找到了栽倒在泥潭中的妈妈，那个田埂有一米多高，妈妈掉下去了，爬不上来。冬天，农闲时候的田野里，四下无人，妈妈已经栽倒在泥潭里一整个下午。后来，妈妈对我说，是我们的呼唤声把她从鬼门关里拉了回来。不然，那一天，也许就是妈妈在这个世界上的最后一天。

妈妈经常和我开玩笑说："大宝，你是妈妈的福星！"其实，妈妈，我多想告诉你，你才是大宝的福星。那时候，我不会唱歌，不会唱《世上只有妈妈好》给你听，现在，每当我想起你时，我总想唱这首歌，多希望你能听见，就像那个寒冷的晚上，你听到我和弟弟喊你的声音一样。

> 我们既然有生命，
> 我们就应当活下去，
> 而且要活得幸福。

| 与你的世界和解

生而为人，我们总有一天都会消失，但是，我认为一个人的生命是可以永恒的，只要你真的用心活着，用心面对这个世界，面对身边的人，用心去处理每一件事情。

很多人痛苦，是没有把自己和这个世界以及身边人的关系梳理好。如果你想要快乐，首先你要让那些离你最近的人快乐，你要和周围的一切和解，让自己每天生活的环境更加和谐。

那些年，在叶宝村，我们一家四口生活在一起，虽然贫寒，但却非常幸福。我珍惜妈妈活着的每一天，也许，我们将每一天都当作妈妈的最后一天来过，因此，每当太阳升起的时候，能看见妈妈，就是最幸福的事情。

有一天，我从集市上卖菜回家，路过水果摊时，看到摊主特价处理剩下的有些烂的草莓，我花3块钱买了一些，妈妈特别喜欢吃，但是她舍不得吃，骗我说："太酸了，酸得牙疼！"别人卖剩下的草莓3块钱一斤，新鲜的草莓8块钱一斤，我们一年也舍不得买一次，我记得弟弟都是舔着吃的。后来，我就突发奇想，我们自己能不能种些草莓呢？我买了几棵草莓苗，栽在菜地里，像种菜一样浇水施肥，周围的菜长势很好，但草莓却没结出来一个。神奇的是第二年，整块菜地都长出了草莓苗，到了5月份，结满了青青红红的果实，虽然个头不大，却异常的甜。草莓摘了又结，结了又摘，后来，我干脆拿到集市上去卖，卖一斤草莓的钱抵得上卖五斤蔬菜。

生活就是这样，总给我们带来意外的惊喜，我想，那隔了一年才长出的草莓一定是上天送给我们一家人的礼物。

妈妈的病在我的照料下时好时坏，好的时候她不仅能下地走路，甚至还能给我和弟弟做一顿好吃的饭，坏的时候仿佛病魔随时要将她带走一样。

一天深夜，妈妈突然口吐白沫，手脚乱抖，我知道，她的癫痫病又犯了。往常，她发病的时候，我会找根木棍让她咬住，防止她咬断舌头，可是，她突然发病，我没有时间找木棍或别的什么东西，只能抱住她，把自己的手伸进她的嘴巴让她咬。绝大多数的癫痫病人发病的时候是丧失了意识的，不管你往他嘴巴里放什么，他都会咬，但当我把我的手放进妈妈的嘴巴的时候，妈妈居然硬是忍着不咬，她的口水顺着我的手流了一地，她咿咿呀呀地呻吟着，我听不清楚她要说什么，后来，她昏死过去了。

我想找人帮忙，但在这个冬夜，我能去找谁呢？我从屋后找到板车，拉进里屋，在车板上铺上稻草，又铺上棉被，和弟弟一起，用尽全力一点点地把妈妈挪到板车上。

最初，我的想法就是把妈妈拉到集市上的医院，但好不容易前拉后推地到了集市上时却一个人影都没有，半轮月亮挂在高高的天空上，妈妈躺在板车上一动不动。

弟弟问："妈妈睡着了？"

我把手伸进妈妈的衣服里面，暖的。我说："妈妈昏迷过去了。"

当时，我萌生了一个念头，既然已经把妈妈拉到集市上来了，就可以把妈妈拉到巢湖市的医院去,那里的医生一定能救活妈妈。更小的时候,外公曾带我去过巢湖市,虽然坐的是柴油的载人三轮车,但大致的方向和路线我是记得的,我对弟弟说:"我们拉妈妈去巢湖!"

不知道从哪里来的底气,我感觉我一定能把妈妈送到巢湖去,尽管我真的不记得具体要路过哪些村庄,到底有多远,但我心里非常明白,我一定能把板车拉到巢湖去。

医生曾经说,妈妈只有三个月的活头,但她不也坚持了这么多年?我坚信,只要去巢湖,找到了好医生,妈妈就能得救。

我不知道拉了多久,手也麻了,腿也木了,浑身都是汗,弟弟在后面喊:"姐姐,我实在走不动路了。"

我把板车拉到路边,弟弟钻进妈妈的被窝,贴着妈妈睡了,我坐在地上,靠着板车车轴。

如果你问我,你不怕吗?毕竟只有十一二岁。

我诚恳地告诉你,我不是不怕,而是根本来不及去害怕。在我的小小的世界里,真的只有一个愿望——让妈妈活下去!

或许是因为之前那些年外公经常带着我四处流浪,四处乞讨,我早就过惯了以天为被、以地为床的日子。在荒郊野外的板车上和妈妈、弟弟睡一晚上，是再平常不过的事情。

那天晚上，我做了个梦，在梦里，妈妈突然从板车上坐了起来，她看着我，用手轻轻地抚摸着弟弟的额头，竟然笑了起来，她说："大宝，妈妈就这样走了不是很好吗？你就在旁边挖个坑，把妈妈埋了，省得往回拉了，回家的时候，车也轻了。"

我说："妈妈，你想得美，哪有那么容易死啊，你说死都说了三四年了，也没死成。"

妈妈听我这么说，有些骄傲起来，笑得咯咯响，她说道："瞧！老不死的就是我这样的！"

其实，死并不是一件多么困难的事情，尤其对一个患有先天性癫痫病、肝癌晚期的人，活着，比死更需要勇气，因为她每天都要面对真实的病痛，人来到这个世界的时候，大多是哭着的，而离开这个世界的时候，大多又是笑着的。也许，死去，对妈妈来说，恰恰是一种解脱。今天，当我经历了很多事，看过了很多人之后，我真的佩服妈妈，她忍受了那么多年，为的就是陪我和弟弟多走一段路，等我们多长大一些。母爱，永远是伟大的。

是的，我有一个伟大的妈妈。

我说："妈妈，你要走了，今天就不是一个坑，而是三个，你一个，我和弟弟各一个！"

天蒙蒙亮了，马路上陆续有了三三两两的行人，弟弟依然睡着，妈妈依然昏迷，我把手伸进被窝，摸了摸妈妈的胸口，热乎乎的，我松了口气，妈妈还活着。

陆续有人过来打招呼，问我怎么回事，我一五一十地说了，有人帮我拉车，一路送我到很远，有人帮我从路边人家讨了米汤，我喂了妈妈几口，又讨来了干粮。感恩那天那些一路上帮助我和弟弟、帮助妈妈的菩萨们，感恩你们的布施，你们帮我走过了这一生最难走的一段路。

从叶宝村到巢湖市，至少有40公里，我记得我们走了足足一个晚上加一个白天，后来在好心人的帮助下，我们把妈妈送到了医院。

医生问我："你家大人呢？"

我说："我就是。"

旁边有人说，这个孩子不简单，一个人和弟弟拉了几十公里的板车，把她妈妈送到这里来。

医生把妈妈安顿在过道上的床位上，我不记得他做了哪些检查，但却一分钱都没有要。后来，他对我说："你妈妈的病不用治，回家后好好调理就可以了。"

晚上的时候，爸爸赶来了，他找了辆拖拉机，将我们一家人拉回去。

40公里的路，现在看起来，并不长，但这段路却是我人生中最为漫长的，那个场景仿佛就发生在昨天，我在前面拉着板车，弟弟在后面弓着腰推着，妈妈躺在板床上盖着被子，下面垫着稻草……

那一路，妈妈、弟弟和我都没有一点点恐惧，当时拥有的那种不可思议的力量至今一直陪伴着我，激励着我，那种力量到底是什么，我说不清楚，也许，它需要我用一生去领悟。

> 一个人越聪明、越善良，
> 他看到别人身上的美德越多。

老园丁

有一个老园丁，他很喜欢种玫瑰花，种了很多优良的品种，他像一只蜜蜂一样勤劳，在玫瑰花盛开的时候，他对不同品种的玫瑰花进行人工授粉，就这样培育出很多新的品种，当然，也正因为这样，另一些园丁开始有些嫉妒。老园丁从来没有在自己的花园里摘过一朵玫瑰花送给别人，大家都在背后骂他是小气鬼。有一天，一位非常华美的贵夫人去拜访他，这位贵夫人离开的时候，同样也是两手空空，从那一天开始，人们除了说这个老园丁小气之外，还把他当作疯子，从此以后，谁也不敢靠近他了。

当我第一次听到这个故事的时候就被打动了，因为我太能理解这个园丁了，理解他为什么不愿意把自己的花分享给别人，哪怕是华美的贵夫人。

因为家里养不起牛，每逢播种季节，我家总是最后一户插秧的，尤其是每年"七月红"里的"双抢"，必须赶着日头收割完早稻，犁旱田打耙，赶在立秋前将秧苗插进水田，倘若又逢着干旱大伙抢水的灾年，别人家的稻子都插完了，我家田里还没水打耙。

自从拉着板车跑了趟巢湖市后，我心里悄悄地萌生了个念头，要给家里添置头"铁牛"（手扶拖拉机），如果家里有一头铁牛，妈妈再犯病，我就可以开着铁牛去巢湖，而且家里再也不用借别人家的牛干活儿了。那时候，一台9匹的手扶拖拉机大概4000多元，在农村，大多数人家一下子都拿不出这么多现钱，我家更不例外，我把几年卖菜存的钱全部掏出来也只有1200多块，爸爸也拿出1000多块，还是不够，怎么办呢，我想到了借钱。

我找到了外公。我知道，只要我跟外公开口，他肯定会答应。因为这个世界上没有人比他更了解我，只要我想去干的事情，再难也会去干。果然，他东拼西凑了800块钱，他说："你先拿回去，不够我再想办法。"

我又找到了爷爷，爷爷听我讲要买铁牛，死活都不答应，他说："你一个姑娘家家的，就算给你拉回头铁牛，你也摆弄不了。"

听他这么说，我心里想，你不借钱给我就算了，还歧视我，于是，我反驳道："你怎么就晓得我摆弄不了？"

爷爷上下打量着我，他有些不耐烦地回道："我说你摆弄不了，你就摆弄不了！"

爷爷不像外公，虽然我们生活在一个村子里，但他其实并不了解我，我是个"吃软不吃硬"的人，你越强硬，我越倔强，我咬着牙对爷爷说道："你没有一点能跟我外公比，从小他把我养大，我买铁牛他给钱，你呢？从小到大都没管过我！"

爷爷是个直性子，他就撂下一句话："不借！就不借！"说完就走到灶台边，准备洗锅煮饭。

我去外面找了个锄头，握在手里，对着爷爷家的大锅，狠狠地说道："你今天不借钱给我就不中！我家没饭吃，你也别想吃饭，我砸掉你家的锅！"

爷爷看我一点都不像闹着玩的样子，气得没办法，不得不从里屋里找了1000块钱出来。

就这样，我东拼西凑搞了大概4000块钱，没过几天就提了台手扶拖拉机回家，我开心坏了。我力气比较大，可能是从小就干农活儿的原因，甚至比一般男生的力气还要大些，以前的手扶拖拉机不像我们现在的轿车，一键启动，动动手指按一下就行了，而是手摇式启动，钥匙是一根大拇指般粗的铁棍，足有三四斤重，力气小的男生摇不起来。到了冬天，机油温度低，发动机冻起来的时候，烧一壶开水烫一烫，两个人一起摇才能发动起来，咚咚咚咚咚的响声震动了整个村庄，不远处有人嘀咕："你看那死丫头，又在鼓捣铁牛了。"

这种感觉曾经让我非常自豪，尤其是开着拖拉机去集市上卖菜的时候，一开始，我的两只手紧紧地抓住长长的车把，生怕抓不住，让车跑了，后来，我根本不用手扶，用脚都能控制车把，根本就不用花多大力气，用的全是巧劲儿，在旁人看来，我哪里像个女孩呢？

我记得后来那台拖拉机卖给了我大伯，我想，现在回老家去找，也许还能找到它。

　　是啊，我和那个老园丁多么相似啊，在那段岁月里，像老园丁一样在那块土地上耕耘，为了妈妈，为了弟弟，至于旁人怎么说我，都不重要。

> 我们都在等待，
> 等待着别人来拯救我们。

最后的嘱托

我常年在全国各地讲课，观众大多是中小企业家、创业者，因此，经常听到他们讲做生意的门路，比如说，开一家饭店，首先要做好门脸；找人办事，要认一下门；进入一个陌生的领域，要摸清其中的门道。然而，有几个人能真正打开自己内心的大门，让别人走进来呢？

如果你能进入另一个人的心门，那么，你才能真正地了解他。很多在一起生活了几十年的老夫妻，虽然几十年如一日地在一起生活，在一起吃饭，在一起睡觉，但是他们却从来没有真正地打开过彼此的心门。

推开母亲心门的那一年，我13岁。她在那扇门里面隐藏的秘密让我一夜之间长大成人。

那个晚上，妈妈喊我，她卧在床上，示意我坐在她身边，她说："大宝，妈妈这次真的挺不过去了。"

白天，她还下了地，精神好着呢。在过去的五年，妈妈经常讲这样的话，说自己不行了，开始的时候，我还很紧张，但每次都熬过来了，我也就习惯了，每次她发病的时候，我打一盆温水，准备好毛巾，帮她洗洗擦擦，守在她身边，直到她睡去，那个晚上，我也按照惯例这样做着。

妈妈说完没过一会儿，果然发病了，她抽搐着，呼吸越来越沉重，逐渐失去了意识，我在旁边看护到半夜1点多，她才有些清醒过来。

妈妈直直地望着我，又挣扎着侧身摸了摸身边熟睡的弟弟，她说："大宝，妈妈临走前，要交代你一件事情，你一定要答应妈妈，不然我死不瞑目。"

我说："妈，你好着呢！"

妈妈轻轻地摇了摇头，她说："你长大了，要么出去赚钱，给你弟弟建个大房子，给他娶个媳妇；要是赚不到钱，你就去给你弟弟换亲。"

什么是换亲？说得直白些，穷人家的儿子没钱娶妻，用自己家的女儿跟别人家换个女儿回来。在旧社会，这种事情在穷人家真的发生过，我听村里的老人家说过，但是，我没有想到，这样的事情居然会发生在我自己身上，原来，我在妈妈的眼里，就是一件物品，一件可以给弟弟换亲的物品。

我看着妈妈的眼睛，我不明白妈妈为什么要说这样的话，难道你生下我，就是为了给弟弟娶妻吗？

妈妈追问道："你不答应妈妈？"

妈妈的声音很小，但却很沉，就像一块铅球坠落在地面上，不，应该是坠落在我的心门上，让我无法回答。

原来，在这个家里，我的地位如此卑微，我的命运早已经被注定，我活着，就是为了保护弟弟，为了弟弟可以娶妻生子，我要随时做牺牲。我看着妈妈，我想拒绝她，但我又说不出口。

妈妈看着我，她仿佛看穿了我的心，她蜡黄的脸上布满了病痛折磨所留下的一道道深深的纹理，每一道，都是一次挣扎、一次与命运的抗争、一次生与死的博弈，她太累了，然而，作为一个没有能力决定自己命运的女人，一个连婚姻都无法自己决定的女人，她只能忍耐着，让自己多活一天，多看自己的儿女一眼。终于有一天，她宣告自己即将离开这个世界，她才真正地打开自己的心门，在这个世界上，她心底里最爱的人是她的儿子，她认为只有她的儿子才能延续她的生命。

然而，妈妈并不知道，不论是男人还是女人，穷人还是富人，愚蠢的人还是聪明的人，不论你是谁，到最后，你能依靠的只能是自己，无一例外。但是，13岁的我，并不懂这个朴素的生活哲理，我想，我答应了，妈妈就没有这么痛苦了，于是我点了点头。

就在我点头的那一瞬间，妈妈的嘴角动了一下，更准确地说，是笑了一下，她捏着被角的手，松开了，但是，她的眼睛依然睁着，眼睁睁地看着我……

在漫长、疲惫的生活中，妈妈太累了，此时，她终于要独自去走属于她一个人的路，然而，她并不想放弃，她舍不得弟弟，舍不得我们，于是在最后一刻，即使我答应了她最后的嘱托，她依然睁着眼睛。

我摸了摸妈妈的鼻孔，她已经没有呼吸了，这一次，她真的走了。我用手抚了下眼睛，我说："妈妈，你闭上眼睛吧，你不要再看了，你睡觉吧。"

我想哭，不仅为了妈妈，也为了我自己，这个晚上，我失去了妈妈，也失去了自己的未来，失去了一个少女对生活所有的渴求与幻想，但是我却哭不出来。一个人，活着就是为了对自己的未来负责，然而，我却是为了对弟弟负责，我的妈妈，这样的人生，公平吗？

也许，这一切只是一个梦，就像不久前，在送妈妈去巢湖的板车上一样，我只是累得睡着了，当我醒了，妈妈还在，一切如故。是的，这肯定是一场噩梦。

我醒来时，鸡叫了好几遍了，天微亮。我看了眼弟弟，他睡得正香，又看了眼妈妈，妈妈也在安详地睡着，嘴角露着笑，仿佛正在做一场美梦，我把手伸进妈妈的衣服里面，她的身体就像一块石头，冰冷、坚硬……

妈妈真的已经走了！我没有哭，曾经无数次，我想过这样的场景，想过这样的一天到来时，我该怎么办，但当这一天、这一刻真的到来时，我却像一个木偶一样，摆弄我的，是命数。你见过一个会哭的木偶吗？

我推开家门，去找大伯，去找村里所有的亲戚、邻居，我告诉每一个我认识的人，我妈妈昨天晚上走了。

大家三三两两地来到我家，有人叹息，这两个孩子以后可怜了。

可怜吗？也许吧！

睡在妈妈旁边的弟弟醒了，他习惯性地喊妈妈，往常，妈妈在他醒来的时候，给他穿衣服，可这一次，弟弟醒了，他趴在妈妈身上，无论他怎么推妈妈，怎么喊妈妈，妈妈再也不能答应他了。

尽管我们已经有过好几次妈妈差点离开的经历了，但弟弟依然无法接受妈妈真的已经离开的事实，他号啕大哭。突然，他也像妈妈发病时一样，倒在地上，口吐白沫，不断抽搐。

我这才反应过来，原来弟弟有和妈妈一样的癫痫病，只是妈妈从来没有说过。是啊，一个原本就穷得揭不开锅的家，还有一个常年卧病在床的妈妈，自身还有这样的病，谁愿意嫁过来呢？我想，这是妈妈隐瞒弟弟病情的主要原因，而这也是她最后嘱托的真正根源。

逝者为大，村里的老人们商议着给妈妈穿寿衣。人已经走了多时了，身体发硬，老人们想尽了办法，也穿不上，于是有人站出来说："人都已经走了，打扮得再好看有什么用呢？"

有人应和着："别穿了，把衣服盖在身上一样。"

"中。"又有人说。

我看着床上的寿衣，这也许是妈妈短暂的一生中最漂亮的一套衣服，我一定要她穿着这身衣服漂漂亮亮地走。我喊道："不中！"

我要把妈妈打扮得漂漂亮亮地走，于是，我把屋子里的人都赶了出去，把大门从里面锁了起来，我要帮妈妈穿衣服。

我说："妈妈，大宝来给你穿衣服了。我知道你是不中意别人伺候你，你乖一些，让大宝给你打扮得体体面面的。"

我抱着妈妈的身体，用自己的体温来暖和她，让她柔软，我搓着她的手、脚、胳膊、膝盖，就像她活着时给她按摩一样，我用这样的方法，用了一整个上午的时间，终于把寿衣穿好，又找来那双她从来舍不得穿的鞋子给她穿上，给她洗脸、擦干。此时的她，和活着的她没有区别，只是睡着了。

守孝之后，直到下葬那天，妈妈入了棺，棺材被钉上，棺木入了土，我的眼泪才流了出来。我趴在妈妈的棺材上，从我八岁回家这五年发生的所有事情在那一刻全都涌现出来了，我被人砸破了头我没有哭过，我被人欺负我没有哭过，但是，今天，我将这些年的泪水全部都哭了出来，我的妈妈，你在世的时候，没有听到我哭，但此时，你能听到吗？

我让下葬的人等一会儿，我说，我想多陪妈妈一会儿，我想趴在棺材上睡一会儿。村里人看到此情此景，无不落泪。大家知道，这些年，我是怎么过来的。

从此，我再也没有妈妈了，我的妈妈躺在那副小小的棺木里，孑然一身、孤独、寒冷。

第六章

一 给我自由

给我自由
半块馒头
偷师学艺
回家

> 了解一切，就会原谅一切。

| 给我自由

人在怀着希望的时候，总容易陶醉，充满幻想，总是闭着眼睛不看现实，不去看在实际情况中你遇到的痛苦，而去倾听那些原本不属于自己的声音，这些充斥于我们脑海中的不切实际的声音把我们变成另外一个人。

就我自己来说，不论我遇见什么样的事情，我都希望有一天能把这件事情的真相搞清楚，哪怕这个事情的真相非常糟糕，因为我知道，我只能面对。

这个世界属于强者，属于勇敢机智的人，属于敢于付出的人，属于那些已经将自己逼得无路可退的人。生命是宝贵的，谁都想过安稳平和的生活，但是如果为此给我套上一个枷锁，我宁愿选择面对未知的未来，我宁愿选择那充满危机的自由，因为只有这样，我才知道活着是为了自己。

妈妈走后，我开始想未来的日子要怎么过。过去，一切都是为了她，现在，她走了，丢给我一个遗嘱，我和一件货品有什么区别呢？我想，如果卖菜赚钱，也许需要十年，也许需要二十年，我才能存够盖房子的钱。

那时候，有人从外面回来，说广东有个地方叫深圳，那里遍地都是钱，只要你能吃苦，肯定就能发财。过年的时候，有人开着小轿车从深圳回来，大家都围过去看。我想，别人能做到，我一定也行！

妈妈过世后不久，我和村里的几个人一起踏上了前往深圳的火车，虽然第一次出远门，但是我在心里面却一点惊喜的感觉都没有，深圳到底是什么样的地方，是不是像别人嘴巴里说的那样繁华、美好，这些都不重要。我去深圳的目的只有一个，就是为了挣钱，就是早点把盖房的钱挣出来，完成母亲最后的嘱托。

在深圳找一份工厂的工作并不难，我们一行人到了深圳工业区，招人的工厂大多在大门口张贴招工启事，大伙各自挑选适合自己的岗位。同村的人第一天就找到工作了，可是我第一天就丢了身份证，在工业区四处游荡了好几天也没找到合适的工作，不是工作难找，而是我的年纪不够，况且还没有身份证。后来，我还是进了一家服装厂，干的是剪线头的活儿，这个工种对技术要求没有那么高，只要手快眼快就可以了，计件工资。

那个时候，进厂工作的人都有"三件套"：脸盆、水桶、大毛巾。水桶是用来存水的，脸盆用来洗脸、洗衣服的，大毛巾当然是用来洗澡、擦脸的，这就是最底层的工厂一族的三种生活必需品，所以，当年进厂的人大多提着个廉价的塑料水桶，水桶上面套着脸盆，脸盆里裹着条大毛巾，而过年的时候，绿皮火车又载着这些提着三件套的人们回到各自的故土。

我初来乍到，对三件套一无所知，更不知道进厂住宿时还必须要缴纳300块押金的明文规定，我身上只剩100块，连最便宜的集体宿舍都住不起，更别提三件套了，所以，只能在工厂外面找住的地方，不过，这倒是我的强项，我和外公有过四海为家的讨饭日子。

离工业园不远，有一处公园，那里除了蚊虫有点多之外，比乡下干净多了。当时，住公园并不是一件多么丢人的事情，因为公园里住满了人，那些乞讨者、打工者以及无家可归的流浪者，大家都不说话，各自找一块属于自己的风水宝地或卧或躺。我找了一处水泥砌成的花坛，花坛里是一棵杧果树，下了班，我径直往这里赶，就像回家一样。即使住在公园里面，无家可归；即使我只有13岁，对未来没有任何预判，每天在工厂里面拿着最微薄的工资；即使下了班在花坛上倒头就睡，但是我却无比充实，因为我迈出了自由人生的第一步，正是这样的经历，让我时刻保持警觉，面对真实的自己，让我有勇气去面对一切困难。

> 我们把世界看错,
> 反说它欺骗了我们。

| 半块馒头

很多人把生活的标准定得太高,不论是自己用的手机、穿的衣服还是住的房子、开的车子,都追求自认为最好的,实际上你每得到一样东西的同时,你的快乐并没有多增加一分,反而,你的痛苦却多了一分。很多人都认为有豪宅、豪车、名牌衣服、名牌手表,当上了大官,成为知名企业家,就会受人尊重,就会快乐,但实际上你争取的东西越多,你的快乐就越少。

给我自由

有个故事说一个国王老来得子，因此，老国王费尽心思让王子过非常富足的生活，想方设法给王子提供一切他想要的以及他甚至想象不到的东西，但王子却总是开心不起来，于是，老国王请来了老医生，老医生说，有一个方子可以治。

老国王问："什么方子？"

老医生说："你去找一个最快乐的人，把他的衣服拿来让王子穿上，王子就快乐了。"

老国王马上派人去找，后来，终于找到那个最快乐的人，但是没有办法把那个人的衣服带回来。

因为那个快乐的人穷得连一身衣服都买不起，他光着膀子。

我们往往什么都想要，想要的东西是没有止境的，我们的心永远填不满，那么快乐又怎么能进来呢？

当年十几岁的我，对于这样的生活哲理是不懂的。晚上，我躺在公园里面的花坛上，抬头望着昏黄的天空，没有月亮，没有星星，我想，这里和老家真的不一样。这里什么人都有，每次睡觉的时候，我怀里都抱着一根棍子或手抓着一块石头，如果有人想欺负我，我就用棍子或石头来自卫。

　　一天晚上，我饿得发晕，躺在公园花坛上面，半睡半醒中看到一个老乞丐朝我这边看来看去，我心里一紧，心想，如果他真的过来，我就一棍子打过去，我悄悄地握紧手里的棍子。没想到他真的把手伸了过来，我猛地坐起来，拿起棍子准备打他，谁料到他伸过来的手里攥着半块馒头。

　　原来，他不知道从哪里讨来一个馒头，可能看到我躺在那里没吃饭，于是把手里的一个馒头掰了一半给我，那一瞬间，我热泪盈眶，以前在老家的时候，除了我的外公、家人之外，没有谁会对我这么好，在这里想不到一个陌生人，一个陌生的乞丐，会将自己辛辛苦苦讨来的一个馒头分一半给我吃。

　　我感动得想哭，却一句话也说不出来，我接过馒头，那个馒头是我这辈子吃过的最好吃的馒头，那个晚上，和那个老乞丐一起，我们慢慢地咀嚼着，品尝着这香甜的馒头。老乞丐是个哑巴，他不会说话，只能发出咿咿呀呀的声音，但这却是这个世界上最美丽的声音。

　　这半个馒头，改变了我的一生。我想如果不是那个老乞丐，我现在应该正过着另一种人生。他让我重新认识了这个世界，重新认识我周围的人，令我用一颗善良的心去对待身边的每一个人。这半块馒头让我明白一个懂得付出的人才会拥有未来，一个懂得感恩的人可以拥有更多的爱，一个贫穷的人可以同样拥有给予的权利。

> 你的负担将变成礼物，
> 你受的苦将照亮你的路。

| 偷师学艺

在深圳的那一年，我只是一个丢失了身份证的异乡打工人，我从来没有想过我能在深圳停留多久，在我看来，这里只不过是我需要多挣点钱的地方而已，我几乎没有什么朋友，我的眼里只有钱。

当然，仅仅是当一个剪线头的流水线工人，哪怕一天工作20个小时一个月下来也存不了多少钱，离我的目标实在太远。于是，我就在想整个流水线上最挣钱的工人在做什么，我发现，开断布机的工人的工资最高，而且整个工厂只有一个人会，如果有一天她有事请假了，整条流水线都会停下来，因此，老板把她当作神一样供起来，没有人敢得罪她。每次她干活儿的时候，我一有时间就偷偷地在旁边看，我想，如果我也学会这门技术就好了。

我凑过去问她："姐，你能教我吗？"

她看都不看我一眼，冰冷冷地扔过来一句："滚开，这是你能学会的吗？"

热脸蹭到了冷屁股，自找没趣。但我的骨子里是你越不教我，我越要学，不仅要学，还要比你干得好。我开始更加认真地学习如何操作那套设备，默默地记下每一步流程，甚至分析这套设备的运作原理，等到晚上，工人们都回宿舍了，我再偷偷潜到车间，打开设备，自己鼓捣起来，不到一个月的时间，我就可以熟练使用那套设备了。

有一天，我终于得到了一个机会，那位师傅可能是忍受不了小工厂的待遇，和老板吵了起来，扔下一句"不干了"，就走了。老板正发愁，她一走，工厂还真的停工了，他一时半会儿哪能请来一位像她一样熟练的工人呢？

我说："老板，我能开那机器！"

老板看着我，愣了半晌才问道："你真会？"

我一蹦一跳地跑过去，启动机器，照着平日里偷着干的样子有模有样地干起来。就这样，我成为高薪工人，这个工种的基本工资是剪线头的两倍多，计件工资却是原来的五倍，也就是说，原来我没日没夜地干，一个月就算不吃不喝也只能挣 1200 块，现在我至少可以赚 5000 多块。有了钱，我终于可以提着"三件套"住进员工宿舍了。

我人虽然小，但账算得还算精明，为了多赚点，我几乎没日没夜地干，因为计件工资高。有时候到凌晨四五点才回宿舍睡觉，那时候毕竟年轻，我没有累的感觉。时间长了，宿舍里的人免不了记恨，有人从里面把门锁起来，不让我进去，我只能折回车间，继续干活儿，一直干了个通宵。第二天，我实在熬不住，一边干活儿一边打瞌睡，一不小心，把右脚挂在钢钩上了，鲜血直流。

你知道吗？一个人在真正的疼痛面前反而感觉不到疼痛了，如果有一样的铁钩把别人的脚像挂猪肉一样挂起来，我甚至是看都不敢看的，但是当铁钩挂住我自己的脚，我却真的感觉不到有多疼。那天，我是自己关掉设备，把铁钩从脚上卸下来，找了块废布料，简单包扎一下，再一个人去工业园附近的诊所，上了点药，下午又回到车间继续干起活儿来，我的右脚已经用不上力了，因为这个，我学会了一种新的技能——用左脚！

人真的是被生活逼出来的，我想即使到了现在，也很少有人像我这样，既能用右脚也能用左脚操作设备，而且左脚和右脚一样熟练。

受工伤以后，我并没有停下来，还像往常一样加班，有一个晚上，宿舍的门又被人从里面锁起来。这一次，我从外面找了一块砖头，一把把门拍出了一个洞，我打开门，手里还攥着那块砖头，嚷嚷着喊道："下次谁再把门从里面关起来，我就一砖头拍在她的头上！"

大家都在装睡，没有一个人应答。我扔掉砖头，倒在床上呼呼大睡。

那天晚上，我做了一个梦，在梦中，我看见星辰中的妈妈，我问她："妈妈，你过得好吗？大宝好想你！"

妈妈不说话，只是看着我。

我对她说："妈妈，大宝好累！好想回家！"

妈妈还是不说话。

我又说："妈妈，大宝很快就能赚到钱，给弟弟盖大房子，给弟弟娶媳妇！"

妈妈朝我挥了挥手，化作一片星云，逐渐消散在高高的夜空上。

> 长日尽处，我站在你的面前，
> 你看到我的伤疤，
> 知道我曾经受过伤，已经痊愈。

| 回家

花若娇艳，风必摧之，这个世间最平常的道理，绝对实用，可是大多数人却并不知晓，因为我们身在其中。这段时间，我给公司的团队培训的时候经常讲这样一句话，我说："看别人的事情是一片清明，看自己的事却糊里糊涂，就算是这个世界上最精明的人，莫过如此。"

这个世界上真正的智慧是大智若愚，大隐隐于市，只有具备这样德行的人，才能真正地成就大业。

那一年，我在深圳的工厂里打工，从一个剪线头的普通工人到一个高工，我只用了不到两个月时间，这对大多数普工来说，可能需要八年、十年，甚至对有些人来说，他们可能一辈子都在原地剪线头。

那一年，我才14岁。我卖了命地干活儿、存钱，我想象着过年的时候，我也能"荣归故里"。农村一到过年的时候，各家都会比较，谁在这一年带回家多少钱，当然，带的钱越多，就越能抬得起头来，说明你有本事，别人都会高看你一眼，相反，如果一年到头没存上什么钱，那你站在人群中都要矮别人一头，说出口的话都不响亮。

年末的时候，我把所有的工钱都取出来，足足有三万块钱，我第一次手里有这么多现钱，但是我也没觉得有多么了不起，反而觉得我天生就是能干大事业、能赚大钱的人。别看我当时只有14岁，我心里还真是这么想的。

当我从老板手里接过这些现金的时候，我还记得老板对我说："你看你这么小就这么会赚钱，以后长大了可不得了。"

当时我想，这有什么了不起的，现在我一年赚三万块，以后我会成为老板，给别人发三万块工资，只是这话我没有说出口。

当时已经流行手机了，有人腰里别着个手机，接电话的时候，从腰带上把手机取下来，大声撂下一句："喂！喂！你是哪个呀？"我觉得这样很酷，于是我也花了2000多块钱买了台手机，当我手里也握着个手机时，我觉得我和他们没有什么区别。在厂区，"穷人"和"富人"的差别就在于你有没有手机。

在我踏上回乡的火车那一刻，我暗暗地发誓，今年我带了三万块回家，明年我一定要带十万块回家！用不了多长时间，我就可以给弟弟建房子了，我甚至想象着那房子的地基应该打在哪里，至少建三层，里墙贴上白色的瓷砖，外墙贴上红色的瓷砖，里面的家具用最好的木材，有衣柜、梳妆台，就像当年和外公讨饭的时候看到的那户人家的家具一样，总之，一定要富丽堂皇。

到家的时候，爸爸做了一桌子好菜，我把身上所有的钱全部掏给他，他非常开心，也非常自豪，因为那个时候，他一年才能挣几千块钱，他怎么也想不到他14岁的女儿居然能拿回来这么多钱。

在村里，他把头抬得高高的，逢人就说："我女儿在深圳挣了大钱了！"

别人问他："你女儿挣了多少钱呀？"

他说:"挣到三万块!"

大家都不相信,因为我们村里在深圳工厂打工的大部分人都是普工,即便省吃俭用,一年也只能带回来几千块钱,而大多刚刚20出头的年轻人,喜欢出去玩耍,开销大一些,压根儿存不了钱。

谣言就是此时此刻生发的,不知道谁最开始传出话来说,大宝赚的钱不干净;又有人说,好像在深圳的娱乐场所看到了大宝;更有甚者,说大宝在深圳干了不正当的行业……

这些话逐渐传到我父亲的耳朵里面,我父亲从一开始的自豪变为失落,从失落再到压抑,从压抑再到愤怒。他原本是抬着头大摇大摆地在村里晃荡,逢人就打招呼,说起自己的女儿就满脸的优越感,才没过几天,他见人就躲,仿佛自己的女儿真的做了什么见不得人的事情似的。

在大年三十那天,清早,他终于忍不住多日以来的煎熬,不由分说地质问我:"大宝,你在深圳到底做什么?"

我说:"在服装厂上班呀。"

爸爸又问道:"你在服装厂上班,别人也在服装厂上班,为什么别人一年才赚几千块钱,你能带回来这么多钱?"

我说:"他们是普工,我是高工。"

爸爸没在服装厂干过,他不知道普工和高工的区别,在他看来,都是在服装厂上班,工资应该都差不多,况且别人干了那么多年,我才刚刚不到一年时间。于是,我越解释,他越质疑;我越说明,他内心的疑惑也就越大。

最后,我说:"爸爸,你难道宁愿相信别人的胡言乱语,也不相信你自己的女儿吗?"

爸爸看着我,他欲言又止,而我也无话可说。

我知道爸爸的心里想的是什么,我也不愿意再跟爸爸去解释什么,总之,我的钱是血汗钱,是干净的钱。

但是我不明白,为什么我辛辛苦苦地拼了命赚回来的钱被冤枉成不干净的钱?当我躺在公园里面,当那个老乞丐给我半块馒头充饥时,当我被厂里的工人欺负,爸爸,你在哪里?我遇到困难时,想到的不是求助,不是回家,而是坚持下去,忍受下去,只有这样才能赚钱,才能早一点实现妈妈的遗愿,早一点给弟弟建房子。我这辈子最恨的就是那些无中生有的人、那些在背后嚼舌根的人、那些唯恐天下不乱的人,他们有没有想过,他们这些不负责任的话，有可能会毁掉一个家庭，有可能会谋杀一条生命。

我想去看看妈妈，我非常委屈。在妈妈的坟前，我掏出一把小刀在自己的手腕上狠狠地划了一道口子，我想死！也许，只有死才能证明我的清白，只有死可以恢复我的声誉；也许见到妈妈，妈妈可以为我作证，因为，在深圳的无数个孤独的夜晚，在工厂的车间里面，在公园的花坛上，陪伴我的除了那个老乞丐外，还有我的妈妈。

那一刀，并没有让我死，虽然鲜血直流，但疼痛让我突然想起妈妈交给我的事情我还没有完成，如果就这么轻易死了，我也没有脸去见她。所以，我要去挣钱，挣真正的大钱，让那些诋毁我的人无话可说。

我一路小跑到镇里面，找到一个医生给我包扎了一下。那天，镇子上所有做生意的档口都很忙，鱼摊前排着队，菜摊子前排着队，猪肉摊子前也排着队，每个档口都缺人，而我把身上所有的钱都给了爸爸，想离开这个家却连路费都没有，但眼前就是赚钱的好机会呀，我就是在集市上长大的，杀鱼卖菜的活儿是手到擒来，于是，我帮这家杀鱼，帮那家称菜，从上午干到下午，每家给我几十块钱，我挣了二三百块钱。

大年三十下午两三点钟的时候，接祖的鞭炮声一阵接着一阵，真的过年了。我左手缠着白色的纱布，右手拉着行李箱，离开了家，我甚至不知道自己应该去哪里。

爸爸跟在我身后，一路送了很远，他不敢阻拦我，甚至连问也不敢问我，我想，也许他知道自己错了，无论别人怎么说，他都应该坚信自己的女儿。

我决定离开这个镇子，离开这个家，一刻钟都不想留下来。我要为自己找一片新的天地，在那里，一切重新开始。

第七章

一 上海滩 一

上海滩

人生下来时不必唱歌

无路可退是最好的出路

人之根本

> 人非生而知之者，
> 孰能无惑？

｜上海滩

　　唐朝有位思想家韩愈，他说过这样一句话："人非生而知之者，孰能无惑？"就是说人不是生下来就知道一切的，谁能没有困惑呢？我想在这句话上面再加上一句，"人生无所可畏"，就是说人生下来是没有畏惧的。

　　我们对不可知的危险是无所畏惧的，就像把一只刚刚学会跑的小猫，如果放在一只老虎面前，这只小猫是不怕老虎的，因为在小猫看来，自己和老虎除了体型有大有小之外，没有什么区别，本来都是猫科动物。也许有人会说，那不就是无知者无畏吗？是的，但我所说的无畏是一种精神，是一种敢于舍出自己一切的境界。

人必须要走出去面对不同的人、不同的事情，才能逐渐获得自信，才能锻炼自己，才能真正地成长，才能真正地懂得承担，才能为爱你的人遮风避雨，才能从一株小树苗成长为一棵参天大树。

14岁那年大年三十的晚上，汽车站，我想买一张离开叶宝村的车票，仅仅为了离开，但是究竟去哪儿，我不知道。

去哪里呢？这个时候，候车厅里正在放录像，电视屏幕上演着《上海滩》。

丁力说："强哥，你看我新买了身西装，50块大洋呢！好不好？"

许文强说："看把你高兴的！"

丁力说："真不敢想啊！想想看，几个月前我丁力还是卖水果的臭小子，没人看得起，现在呢？冯敬尧冯先生都请我吃饭了！这是我长久以来的梦想！强哥，在上海滩，那就是一夜成名了！"

许文强说："你怎么不说，有人一夜之间把自己的命给丢了！"

丁力说："那本来嘛！要想功成名就就得冒险，就得拼命！将来我丁力要能成为冯敬尧那样的人，让我做什么我都肯！"

是啊，想要成功，就要拼命；想要成功，必须无所畏惧，我当下决定去闯上海滩。

从巢湖到上海,坐汽车五个多小时就到了。在路上,我想象着大上海的繁华,幻想着前程似锦的生活,甚至做了很多种假设,但真的抵达上海,伴随着售票员喊道:"上海站到了!下车!"我才从幻梦中惊醒,下了车四处打量,看着乱糟糟的建筑,疑惑地自言自语:"我的妈呀,这是上海?"

实际上,如今看来,我当时真的太天真了。相比上海之大,初到此地的我渺小得像一只蝼蚁,试问,一只蝼蚁又怎能窥见一座城市真正的繁华呢?一个人的位置越高、格局越大,他眼中所见、所能体会到的事物和生活在底层的草根所看的、所体验到的东西是完全不一样的,而彼时的我,能体验到什么呢?

我跟着人群上了辆公交车,我想,在哪一站下车,我就在哪里扎根下去。那个时候,我的心里虽然有很大的落差,但我很快就意识到我必须面对现实。

我不记得究竟是在哪一站下了车,我走到了路边的一个院子里面。印象里应该是晚上的九点多钟,在外面上班的人都回来了,可能是大年三十的缘故,大家在院子里面三五成群地聊天,我拖着箱子也凑过去,坐在箱子上面,听他们说话。

这个院子是外地人的聚集地，大家都是打工的，过年没回家的人大多是没赚到钱，觉得回家丢面子。是啊，谁兜里有钱不愿意回家热热闹闹地过个好年呢？但我当时并不懂这些，只是听到每个人都说自己的工作多有前途，过了年准备好好地干一场。

我听到一个卖房子的人说，他卖一套房子，能拿3万块钱的提成。这句话打动了我，他卖一套房子就能抵得上我在工厂辛辛苦苦干一年哪！如果卖十套，就抵得上我干十年！

我凑过去问他："你在哪里卖房子呀？能不能把我带过去？"

他倒也爽快，回道："明天早上我上班，你跟我一块走。"

夜深了，人逐渐散去，我拖着行李箱，在院子里找了个没风的角落，窝作一团。

> 世界以痛吻我，要我报之以歌。

人生下来时不必唱歌

今天，你所遇到的人，你所碰到的事，你所遭遇的一切，都有特定的因缘，一切绝对不是无缘无故地发生在这个滚滚的俗世中，让自己的心平和起来，去面对碰到的每一个人，去面对每一天的每一分钟，去面对看到的一切风景，这个时候，你的世界是一片清明的。

大年初一的早上，那个卖房子的人西装革履，打扮得漂漂亮亮地出门了，我拖着箱子跟在他后面上了公交车，到了一条街上，两边全部都是房地产中介公司。

他说:"你就在这里找,肯定能找到卖房子的工作。"

我问他:"你为什么不把我介绍到你们公司去?"

他说:"我们公司只要有客源的,你又没有。"

我心想,找就找,这么多家,我还找不到一家收我的公司?我挑了一家门脸做得最漂亮的走了进去。

有人问我:"你是干啥的?"

我说:"找卖房子的工作。"

那人又问:"你带简历了吗?"

我说:"没有。"

那人没好气地说:"大年初一就来寻我开心!"

我找到第二家,接待的人问我:"你多大了?"

我说:"15岁。"

他说:"我们是正规公司,不能用童工。"

整整一条街,足足有二十多家房地产公司,我用了一天时间,几乎跑遍了,无论我怎么说,也没有一家愿意收我。最后只剩下角落里的一家,不大的门脸,虚掩着半扇门,我想,反正都跑遍了,也不差这最后一家,我鼓足勇气,走了进去。

这家公司年前才装修好,刚刚开业,只有老板一个人,而且我去面试的时候,老板还不在,一个亲戚帮忙看店,他们临时也招不到人。有了前面十多次碰壁的失败经验，我开始在心里盘算着对方需要什么，我找出一张纸，在上面如数依次写下：有客源；有卖房子的经验；能干的人。我把这三条总结成一条——卖掉房子。这个时候，我开窍了，我找的是推销房子的工作，那么，我只要说服对方，我能帮你卖掉房子，不就行了吗。

这次我无论如何也要成功，因此，不打没有准备的仗。我敲门进去，说明来意，接待我的人懒洋洋地抬起头，上下打量我，她问道："大年初一就出来找工作了？"

我说："是啊，大年初一就来您这里找工作，给您送财来了！"很多年前，我和外公出去讨饭，逢年过节的时候，外公会领着我向人家说些吉利话，这个时候，人家大多会给一些，尤其是生意人家。

她听我这么说，扑哧一声笑了出来，她说："看你人不大，讲话还真中听。不过，我们这个公司才刚刚开业，还没开始招人，而且老板今天不在，我也做不了主。"

我心想，无论如何也不能错过今天这个机会，一则，我不知道老板什么时候来；二则，我没地方住，上海的冬天比深圳冷多了，我可不想才到上海就变成卖火柴的小女孩。于是，我说："你一定能做主。"

她问："你怎么这么肯定呢？"

我说："我不要底薪，只要我卖掉房子，你按照公司规定给我提成就行了。而且，你们公司现在一个销售员都没有，正需要人，我什么活儿都干过，什么苦都吃过，一个人能抵十个人用。我实话实说，如果我一个月内卖不掉房子，我连饭都吃不起，所以，我肯定会卖了命地干。"

我一口气说了一大串话，这些话说到她心坎里去了，房地产行业竞争激烈，别人家已经在这条街道上经营了很多年，作为新成立的公司，除非找到我这样没有经验但却愿意拼命的人，稍微有些经验的都跑到老店面去上班了，而且对公司来说，招一个没有底薪的员工也没有任何风险。

就这样，我得到了我在上海的第一份工作，同时，也找到了一个可以落脚的地方。

这个世界上最苦的修行是什么？人生之中最为艰难的时刻是什么？不是没有地方住、没东西吃，而是忍耐，是面对无缘无故的羞辱、无中生有的诽谤或有人用尽百般手段来折磨自己，这个时候，我们还能忍下来，我认为，这便是最苦的修行。

自古至今，所有具备这种能力的人都能成就大事，但这种能力却不是天生的。天将降大任于斯人也，必先苦其心志，劳其筋骨，饿其体肤，空乏其身，行拂乱其所为。如果我没有一次又一次地经历着无处落脚、无家可归的生活体验，也许今天我根本走不了这么远，然而，无论我走到哪里，无论我即将面对什么，我都拥有一颗无畏之心，因为我知道，我的妈妈在不远的地方看着我，我的妈妈在高高的天上保佑着我。

> 人生的意义不在于留下什么，
> 只要你经历过，就是最大的美好，
> 这不是无能，而是一种超然。

无路可退是最好的出路

一个人内心的痛苦是没有止境的，只要他心存贪欲，因为一个人的贪欲也是没有止境的。佛经里说，如果一个人心存贪欲，即使天上下金元宝，并且这些金元宝全部归他一个人所有，他也不会满足。

这几年，我见过很多老板，也听过很多成功和失败的故事，他们大多开始的时候可能都很艰难，经过一番努力，赚到了钱，过上所谓的成功人士的生活，很少有人会停下来，反而去挣更多的钱，获取心中更大的成功。

就像前段时间有一个传播甚广的段子：几个亿的生意是小意思，先赚一个亿是小目标。

一个人的痛苦之所以没有止境，是因为他的内心始终没有满足，始终是空的。当一个人的心是空虚的，他能快乐吗？而对一个连饭都吃不饱的人来说，能吃上半块馒头就已经是天底下最幸福的事情了。

感谢那些一贫如洗的日子，它让我懂得珍惜，学会努力，同时也让我不论遇见什么，都能拥有一颗无畏之心。实际上，这个尘世真的很美好，只要你是无畏的，只要你敢于拼搏，它就会给你惊喜。

我不懂房地产，因此，我必须要比别人多努力十分，我大多数时间都在"扫楼"，大概用了半个月时间，对周边五公里范围内的楼盘进行集中"大扫荡"，对每个楼盘的户型、面积、环境以及未来升值空间都做了详细的调研，这样的工作让我感觉和这个城市的距离走得更近了，甚至让我感觉自己就是这个城市的主人。我每天早上7点钟出门，晚上9点钟回宿舍，就着"老干妈"啃着馒头，我并没有感到悲伤，反而更加坚定了要好好努力的决心。

那个时候的房地产生意比现在好做得多，当然，里面有很多潜规则，比如说我们挂出来的低价房源基本上都是假的，当客户真的要去看这套房子的时候，就会告诉他这个房子已经被成交了，另外，如果碰到业主真的要出手自己的房子，中介会千方百计套出他的最低价位，比如一套房子业主的最低价位是 300 万元，但我们可以卖到 320 万元，那我们会说服业主降到 280 万元甚至更低的价格，然后再以 320 万元的价格倒手卖出去。像这样的套路还有很多，每天耳濡目染，靠听也能学来几招，但我却始终没有用过。

有一天下午，我正在店里值班，有一个衣着朴素、穿着拖鞋的老大爷走到我们展示房源的橱窗前，他看了半天，然后过来问我："小姑娘，你把这套房子的情况跟我介绍一下。"

当然，他指着的那套房源根本不存在，我如实告诉他："大伯，这套房子的信息是假的，这个上面的房源信息也大多是假的。"

大爷一愣，他质疑道："都是假的为什么还要挂出来？"

我说："大伯，要是不挂这些假房源，您也不会来店里啊。"

大爷笑了笑，他摇摇头，走了。

第二天下午，还是这个大爷，他又来找我，他说："小姑娘，我看你倒实诚。"

我笑着答道："大伯，我是还没学会说谎。"

大爷点了点头，他说道："我想在 xx 小区买套房子，你要多长时间才能找到房源？"

我曾经去他点名要找的小区踩过盘，那里的房子升值空间很大，属于潜力股，我想，这位大爷肯定已经关注很长时间了，他真的是要投资这个社区，于是我说："大伯，三天以后您到店里来找我。"

我用了三天的时间把整个小区的潜在房源全部扫了一遍，把每套房子的户型、楼层、面积等信息都画成图表，并且将对应的业主的心理预期价位、底价都标注在上面。

果然，三天后的下午，快下班的时候，大爷再次到店里面来找我，他问我："小姑娘，房子找得怎么样了？"

我把准备好的资料交给他，我说："大爷，这些是我帮您找的所有房源，其中有三套不管是价格，还是户型、楼层等都比较合适，您看看。"

大爷接过资料，从他的眼神里，我看到了喜悦，他非常爽快，当下就从我准备的资料中选了一套，他说："就它吧！"

就这样，还不到一个月，我就成交了第一套房子，那时候，中介费是百分之二，我能从中分到百分之一的业务提成，这一单我赚了将近一万五千元。

虽然这么快就做了第一笔生意，而且真的像带我入行的那位同行所说的那样，卖一套房子就赚一万多块，但我却并没有特别开心，更没有觉得自己有多了不起，我想，可能是因为我自己也不知道怎么就成交了那套房子，所以当公司老板让我分享卖房子的秘诀时，我真的什么都说不出来。

后来，我和那位大爷成了好朋友，他陆续又介绍了好几个买房子的客户给我。

有一次，我实在忍不住，就问他："当时我什么都不懂，这里有那么多行家里手，您为什么找我买房子呢？"

大爷笑着回答："因为你真诚。"

很多年后的今天，我才明白，不管是做大生意还是小生意，真诚是一切的根基。

> 顺境也好，逆境也好，
> 人生就是同种种困难做斗争。

| 人之根本

大约两千多年前的战国时期，大思想家韩非子在谈到人性的时候，有这样一段论述，他说："父母之于子也，产男则相贺，产女则杀之。"什么意思呢？用今天的白话来讲，一对夫妻如果生了儿子，就庆贺；如果生个女儿，就杀死她。

虎毒不食子，更何况是人。当然，韩非子举这个事例的目的并不是说身为父母有多么狠毒，而是人之本性就是如此。试想，身为父母都这样去算计子女，更何况没有这种血缘关系、没有感情基础的人呢？

新入行的第一个月，我卖掉了一套房子，同时也是这家店卖出去的第一套房子，我打响了头一炮。有人过来请教我是如何成交的，这个时候，我静下来思考，难道我的运气真的一直都这么好？难道真的像那位大爷说的，仅仅他觉得我真诚？那么，如果反过来思考，如果我老道一些，那位大爷就不在我这里买房了吗？

从根本上来讲，人都是趋向于自身利益的，所以只要你做的事情对对方有利，你就能与对方成交。比如，如果你推销的这个产品是对方的需求，那么你就能卖出它。

到上海的第一个月，除了找到一份让我感觉到挣钱更容易的工作之外，我开始总结、反思。我搞不懂那些人为什么会诋毁我，连我的父亲都不相信我，如果我现在回家，带着刚刚赚得的一万五千块钱，他们是不是更加妒恨呢？

孟子有句话讲得非常好，他说："恻隐之心，人皆有之；善恶之心，人皆有之；恭敬之心，人皆有之；是否之心，人皆有之。恻隐之心，仁也；善恶之心，义也；恭敬之心，礼也；是非之心，智也。仁义礼智，非由外铄我也，我固有之也，弗思耳矣。"就是说仁义礼智并不是外界给自己的，是自己本身就有了，只是没有思考它罢了。

如果我没有出来，和他们一样生活在一个固定的地方，如果我的思想没有打开，和他们一样限制在某个固有的空间中，那么，我怎么会产生这样的领悟呢？人必须学会觉察，学会面对，这样才能进步。

当我考虑清楚这些问题后，我下定决心，我不属于叶宝村，不管那里的人怎么说，怎么评价，对我来说，都无关紧要。外面的世界天大地大，那里才有我的未来。

年后，找工作的人逐渐多了，在老板的苦心经营下，店里面也逐渐红火起来。我是第一个员工，当然，更是老员工，我经常找老板聊天，套近乎。

我说："您运气真好，把我给招进来了，既能帮您卖房子，还能帮您镇宅子。"

老板听我这么说，哈哈大笑。他是个精明的生意人，我心里的想法，肯定瞒不住他，他说："你个鬼灵精，有什么想法直接讲，还跟我兜圈子。"

我说："我是咱公司的第一个员工，也应该给我底薪，给我转正了吧，这样才能稳定军心呀。"

老板很爽快，他挥了一下手，答道："没问题！"

跟老板这样谈判，因为我分析得很清楚，不可能每个月都能卖出去房子，如果哪个月运气不好，再没有底薪，岂不是要坐吃山空了。

老板曾告诫我："今天不努力工作，明天努力找工作。"他的这句话我一辈子也忘不掉。他是个爱学习的人，经常出去学习，听各门各派的老师讲课，每次回来后，马上把他学到的东西分享给我们，我们这家店是整条街上最后一家开业的，但却是发展得最快、经营得最红火的。当时，只有我们这家店每天早上开晨会，所有人站在门口，排成两排，大家互相鼓劲，一起喊口号："我要成功！""我一定要开单！""我今天一定要开单！""三年不开张，开张吃三年！"

这些口号我们几乎每天都喊，早上上班的时候喊，晚上下班的时候喊，有时候连做梦都在喊，喊着喊着就变成真的了。因为我们每天都在给自己定目标，那么，接下来我们做的所有事情不都是在完成这些目标吗？如果没有这些培训，没有这些心理暗示，没有这些"打鸡血"的激励，有几个人能在残酷的竞争中坚持下去呢？

第八章

一 我希望走对的路

在最好的年华里不要止步
我希望走对的路
演说之道就是没有道
那年的爱情有些动人

生命如此美妙，一切充满了生机。

| 在最好的年华里不要止步

这本书，我从冬天一直写到了春天，春节过后，时间过得更快了，转眼已经到了三月，我想早一点截稿，但又想缓一缓，把写作的节奏放得更慢一些，因为这样我才能回忆起更多的事情、更多的细节。

生活，有的时候需要我们慢下来，慢一点，再慢一点；生活，有的时候需要我们回头去看，看一眼，再看一眼；生活，有的时候需要我们去写，去表达；生活，不仅仅需要我们用脚步去丈量，更需要我们用自己的思想去行走。

我卖了很长时间的房子，后来，我才发现好像卖房子也并不是我真正想要去做的事情，难道我这辈子都要在这里卖房子吗？我不知道！但是我确定我要改变。

那段时间，我读了很多书。几乎所有的空闲时间都用来读书，我把我能找到、能借到的书都带回宿舍，可能是我没有上够学的原因，我喜欢躺在书的中间，睡在书的上面，我喜欢在阅读后入睡，这让我有一种莫名的成就感。

有一天，我在老板借给我的一本书里面翻到一张门票，上面写着这样的话："学习改变命运，在最好的年华不要止步！"这是一张陈安之老师的成功学论坛的门票，那个时候，我不知道安之老师是谁，但这句话击中了我，一下子说到了我的心坎里，因为我迫切地想改变自己的命运，我想，我一定要去上这堂课。

我马上照着门票上的电话打过去，接电话的人说你这张门票已经过期了。我很失望，正当我要挂掉电话的时候，他说，三天后在宁波有一场更好的课程，门票是1680元，但如果在他那里报名的话，可以以优惠价680元购得，而且只剩最后一个名额。

我一下子就心动了，我想，我的运气真是太好了，最后一个名额居然都被我赶上了，这种概率简直就是中了大奖。那个时候，我虽然没有什么钱，但680元对我来说，也不算是特别大的开支，于是，我当下就订下这张门票。

我一向很幸运，抢到了门票后几乎没有做任何更深的思考就买了去宁波的火车票，那是一场三天两夜的公开课，安之老师仅仅在第一天上午上台，我是第一次参加这样的课程，也是第一次看到1000多人一起上课的场面，随着主持人慷慨激昂的致辞，安之老师一行人上了台，伴随着亢奋的开场音乐，所有人都跟着主持人站了起来，有人甚至站到椅子上随着音乐扭动着腰肢，有人近乎疯狂地呼喊着"全力以赴"的口号，我夹在人群中间，也跟着一起呼喊。这个时候，所有人都一样疯狂，如果只有我一个人站在那里不动弹，别人一定当我是个傻子。

开始的时候，我坐在后排，我感觉离安之老师太远了，于是，一排一排地往前挪，直到挪到第一排，直到感觉安之老师的声音完全贯穿了我。

安之老师说："过去不等于未来，你的人生从来没有失败，只有暂时停止成功！"

我感觉安之老师的这句话正是说给我听的，虽然我的过去非常艰难，但并不代表我没有未来，我一定能改变自己的命运，改变家族的命运。

正当我这样想的时候，安之老师打出他的标准动作，大声地发问："你认同吗？"

"认同！"我大声回应。

安之老师朝着我的方向走过来，看着我的眼睛，他问道："要成功，首先要和成功的人在一起！你认同吗？"

"认同！"我疯狂地回应。

紧接着，安之老师像一个指挥家一样，挥动着他手里的话筒，他感召道："如果你想成功，如果你想和成功者站在一起，站到台上来！"

我想都没想，直接冲上了台！很多人和我一样冲上了台，我想，我们都是成功者，至少我们迈出了第一步。就这样，我在台上报了安之老师的终极弟子班，我记得当时真正打动我的是"终极"二字，因为我想一直成功，所以要终身和老师在一起。

做终极弟子的费用不菲，我刷完身上所有的银行卡也不够，主办方的人说，先缴纳这些，不够的回去再凑。

安之老师说："成功者就是做别人不愿意做的事情，做别人做不到的事情，做别人不敢做的事情！"

我为什么不成功，不就是顾虑太多吗？我一定要凑够钱，我一定要成为安之老师的终极弟子，我一定要像安之老师一样，有一天也站在台上，成为真正的成功者。

回到上海，我找到了我的老板，我把我的想法告诉了他，我说："我终于理解你为什么到处学习了。"

他看着我，沉默了许久才说："我知道我留不住你，你以后必定前程无量，既然你要走，我就送你一程。"

他帮我把剩下的钱付了，但是，我却不明白，他是怎么看出来我前程无量的，我想，也许仅仅是一种鼓励吧；也许，他已经看出我必定要踏上一条更加艰难的道路。

> 不要着急，
> 最好的总会在不经意间出现。

我希望走对的路

我们做任何事情都不可能一帆风顺，一件事情太顺利了，一样东西太容易得到了，那多半并不是一件好事，那样的东西不要也罢。

有句话说："祸兮福所倚，福兮祸所伏。"一时的挫折与磨难并不是坏事，如果能勇敢地接受，就会转祸为福。

我将身上所有的钱都掏出来，报了个终极弟子班，但对那个时候的我——一个没有任何资源、没有任何背景的卖房子的小女孩——来说，有什么价值呢？大多数人想做终极弟子，都是为了在安之老师的平台上整合更多的资源，认识更多同等能量的人，但我和他们即使站在同一个平台上，对他们来说，我有什么可利用的价值呢？虽然如此，我依然觉得很值，当年觉得值，现在，依然觉得值。就我自己来说，我喜欢那样的场合，喜欢那种在台上的感觉，我相信，总有一天，我也能站上台，像安之老师一样去演讲。

说得更实在一些，我卖房子，既要找买家，又要找卖家，而且还要一个一个地去找，这是零售，而且还得"一货二卖"，但站在台上演说就不一样，台下有1000人，我就算成交了百分之十，一次也能成交100人，更何况安之老师的讲台一次就冲上去数百人，我暗暗发誓，我一定要学会这门学问。

一切真的像我的老板说得那样，没过多久，我就辞掉了卖房子的工作，去了宁波，加入了那家培训公司，这样，我每天都能上不同老师的课，每天都在我喜欢的会场里面。

培训公司的管理机制比房地产公司的更加严格，业务员不仅没有底薪，还实行末位淘汰制，也就是说，如果你连续不出单，不仅没有底薪而且在公司也混不下去，因此，每天晨会第一件事情就是宣读排行榜，所有人都盯着榜单上的名字，明争暗斗。

一个合格的业务员每天至少打出200通电话,有人甚至从早上的8点钟一直打到凌晨四五点钟,都不知道打出去多少通电话。这种电话打出去,大多会被别人拒绝,有人甚至会骂你,所以,你必须要有强大的心理承受能力。

好在公司有相关的话术培训,导师说,如果对方骂你,你不仅不能回骂,还要告诉他,我们并不是要赚你多少钱,而是为了帮你去赚钱。

那一次,公司要举办3000人的大会,所有的业务员几乎都在通宵达旦地打电话。大概半夜3点多钟,我打了一通电话出去,对方接听后劈头盖脸就把我骂了一顿。我一句话也没说,等他骂完,默默地挂掉电话;过了五分钟,我按照这个号码再打过去,对方又是劈头盖脸地骂过来,他骂得更难听了。我还是没有回话,等他骂完了,骂累了,再次默默地挂完电话;再过五分钟,我又拨过去,对方也许是骂累了,他说道:"你如果再打的话,我就报警了!"

这个时候,我说:"先生,您骂累了,请您给我一分钟,等我说完了,您再报警,我也不拦着您,好吗?"

他没有回话,也没有挂断电话。

我接着说:"先生,我想问问,如果您的员工这么晚还给客户打电话拉业务，您的公司会多赚多少钱？难道您不应该来看看我们公司是怎么做到的吗？"

他还是没有回话，过了一会儿，他挂断了电话。

我大致能想象得到对方的表情。第二天早上，他回拨过来，只说了一句："请您把贵公司所有的课程介绍都发过来。"

这是我在培训公司成交的第一单，也是整个公司最大的一单，当然，仅仅靠这一单并不能让我成为销售冠军。其实，成为销售冠军对我来说并不难，因为我在上海本就积累了一些房地产的客户资源，这些经过我的手买房子、卖房子的老顾客们的消费水平都很高，而且他们也信任我，所以我请他们到宁波来上几天课，顺便玩几天，消费几千元，基本上都可以顺利成交，因此，第一个月我名正言顺地站在了榜单的首席上。

培训公司一般都是没有英雄就要树立英雄，为了激励更多的人努力工作，更何况我本身就是一个刚刚加入公司的新人，没有学历，没有背景，符合他们塑造榜样人物的全部硬件和软件，于是，接下来，每次晨会都把我一顿赞美后，让我上台分享我的成功经验。

我从来没有在一群人面前讲话的经验，但我也并不恐惧，我大大方方地走上台，说道："我没啥特别经验，就是干出来的！"

没想到这样的话也能迎来大家无比激烈与持久的掌声。

有人提议，让我带团队。

我想，带就带吧！于是，我成为有底薪的中层管理人员，我的团队人数不多，而且几乎都是像我一样的新手，甚至有人连公司到底是做什么的都没搞清楚，因此，我这个领队的工作其实并不好做。

公司不仅对个人有考核机制，对团队也有相应的奖惩措施，在每个团队之间设立"PK机制"，末位的团队不仅要被罚钱，还要集体剃光头。实际上，每个行业都有自己独特的秩序与规则，在别人看来，这种做法简直就是虐待员工和人格侮辱，但在培训行业来说，这种机制再正常不过了。

无论如何，我正是爱美的年龄，我想，如果我们真的输了，那我真的就要带头去剃光头了。不幸的是，这真的变成现实。我带队第一个月就成了最后一名，对团队中的成员来说，这种落差并非所有人都能接受，原本他们以为跟了销售冠军，就能"大块吃肉，大碗喝酒"，没想到，才上阵就垫底了，有些人甚至对我心生怨恨。

我知道，我的团队垫了底，主要责任在我。我第一个站出来，带头剃了光头。

我对大伙说："我的兄弟们、姐妹们，今天我们没有什么好说的，我们打了败仗，垫了底，我剃了光头，但大家不要气馁，头发剃了还是可以长起来的，如果今天我们认输了，我们低下了头，这一辈子都抬不起来了。"

　　我说完之后，大家陆续都跟着剃了光头，我们团队也就成了光头团队，但从这件事之后，大家真的把心都连在一起，齐心协力，互相鼓劲，彼此打气。不到一个月的时间，我们一跃成为整个公司里面的第一名。

> 没有经历过艰辛，
> 难以创造人生的奇迹。

演说之道就是没有道

战国时期思想家庄周在《知北游》中有这样一段精彩的对话：

有一天，舜问丞："道可以占有吗？"

丞回道："你的身体都不是自己的，怎能占有道？"

舜感到奇怪，他接着问："我的身体不是我的，是谁的？"

丞答道："是天地借给你的，不但如此，你的生命也不是你的，是天地借给你的；你的本性不是你的，是天地借给你的自然法则；你的子孙更不是你的；是天地借给你的蜕变，所以动则不知去向，止则不知何为，食也不知其味，所有的一切都是天地运行所形成，你怎么能占有呢？"

这段对话就是道家说的"至人无我"的境界，人应"藏天下于天下"，不应该躲藏在某个角落里面寻找安全和舒适；人应该在道中忘却自己，就像一条鱼在水中忘却自己一样，所以才有人说，鱼相忘乎江湖，人相忘乎道术，当然，这就是为什么我把第一本书取名为"无畏之心"的源头。

进入培训业一段时间后，我开始思考，在这个平台上，我内心真正想去做的到底是什么？如果仅仅当一个销售主管，那么我何必要从房地产行业跳出来呢？显然，这个行业真正吸引我的地方就是舞台，真正打动我的地方就是成为一名讲师，有一天能像安之老师一样，站在万人的舞台上面发表演讲，我梦想成为那样的一个人。

我记得有一天，公司在自己的会议室组织了一场小型会议，大概有百十来人，主持人临时有事，我不得不上去救场。这是我第一次上场主持活动，虽然没有出什么岔子，后来却有人说，我的声音不好听，一个女孩子的声音却像个男孩子一样粗，镇不住场。

我不知道什么样的声音才能镇场，但是我知道，如果我因为某一个人的意见就退缩，就停止实现自己梦想的脚步，那么，我就不应该拥有梦想，显然，他的意见反而让我更加坚定一定要成为一名优秀的讲师。

培训是一个可以快速取得成功的行业，因为你每天打交道的人都是这个社会上最聪明的一群人，他们行动高效，敢于付出，勇于拼搏，你成为讲师，也就成为一群最富有的人的导师，到那个时候，你想过贫穷的日子都不可能。我很清楚，要想在这个行业里赚大钱，就得像安之老师一样，成为顶级讲师。

显然，公司不会给我这样的新手上台练手的机会，所以我只能去外面找场地。我找了一个助理，他负责公关，我负责讲课。我想，首先，我们需要定位，我的课讲给谁听，这很重要，因为必须要确定好观众，才知道应该讲什么。

那个时候，我就确定，我必须讲真实的，讲我做过的事情，讲接地气的，这是我讲课的基本原则。而且，我并没有讲课的经验，所以，我的观众起点一定要低，最好是和我一样，出身农村、没念过多少书的草根。那么，这些草根集中在哪里呢？他们正在做着什么事情呢？我和助理想到了理发店、美容院等场所。

确定好了目标客户，我们再进行课程设计，简单地说，就是我们的课对他们到底有什么用，显然，让他们掏钱比让老板掏钱难，因为他们挣的原本就是养家糊口的辛苦钱，我也不想赚他们的钱，但是，让他们的老板掏钱就容易得多，如果我们的课程能让他们感恩生活，积极面对生活，提高工作激情，等等，这些都是美容院老板们希望看到的成效。

我和助理做了简单的分析后，为我们的课程做了一些客户需求与建议的表格，发给公司附近的美容院、理发店，一则对我们的初步分析做调研，二则投石问路，万一有人看到课程表格主动联系我们呢？

虽然没有人联系我们，但是这些表格还是有用的，当助理主动去联系这些收到表格的店面时，至少让他们知道了有这样一门针对他们的课程。

我记得我们去讲的第一场就是在公司附近的一家理发店，课程在第二天上午开始，我头一天晚上就开始熨衣服、洗衬衫，晚上睡觉的时候，我把早已经准备好的课程在脑海里过了一遍又一遍。我甚至学习台湾演员林志玲的声音，虽然假得一点都不像自己，也不像林志玲，但是，在我们看来，这种嗲嗲的声音这么受欢迎，一定能镇得住场。

第二天一早，尽管只有不到两公里的路程，我和助理还是选择打车过去，在我们看来，讲师的身份是尊贵的，我们不能坐公交车，万一让学员碰见了，多没面子。

现场稀稀拉拉地坐了十几个人，我的助理走上台，扯着沙哑的嗓门喊道："请大家起立，欢迎我们最美丽的叶老师上台，她拥有林志玲一般动人的声音，她是我们公司的首席讲师，请大家用热烈的掌声请她上台为大家发表演讲！"

台下响起稀稀拉拉的掌声，原本人就少，少数的几个人站起来鼓掌，大多数人显得百无聊赖，有人低着头在玩手机，有人正在照镜子摆弄着自己的头发，一副无精打采的样子。我走上台，看到这样的场景，就将自己原本准备好的讲稿忘得一干二净了，面对这样一群人，我应该讲什么呢？

我记得有一位老师说过，演说是有道的。什么是道？庄子说过，道不属于任何人，符合自然规律、融入其中的才是道。我百般思索演说之道，却当面对一群对生活完全丧失了激情的人时，我的"道"还有用吗？这个时候，我恍然大悟，真正的"道"并不在我身上，而在台下的人身上，只要我讲的话能帮助他们。

我站在台上，并没有按照之前演练过无数次的套路开场，没有热身舞，没有喊口号，没有一切形式的自我介绍，把学习了上千遍的林志玲的声音抛至九霄云外了。

我重重地敲了三下麦克风，接着说道："你们好！我不是林志玲，不是首席导师，不是有钱人，我和你们一样，都是赚着辛苦钱的外地人。为了给大家讲好这节原本讲给成功人士听的课，今天早上，我当了回成功人士，第一次打出租车，虽然从我住的地方到你们店里只有不到两公里。是的，我跟你们住在同一个社区里，那里的房租便宜，不过，最近我的房东又要涨价100块，我刚刚还在想，要是今天讲得好，这100块钱就有着落了！我很满意我现在的这种生活，因为三年前，我还住在深圳工业园的公园里面，那时候，我在服装厂上班，交不起住宿舍的押金，晚上只能睡在公园的花坛上，怀里抱着一根木棍，就像话筒这么粗，有一天晚上，一个讨饭的老乞丐趁黑摸过来，我害怕极了，不知道他要做什么，我想，如果他真的摸过来，我就猛一下站起来，敲他一闷棍就跑，当我正准备这么做的时候，我发现，他一只手颤颤巍巍地递给我半块馒头……今天的你们，比我幸福多了，可以吃饱饭，晚上有睡觉的地方；今天的你们，比我悲惨多了，因为即使你们有的吃、有的喝，但你们没有梦想，没有激情，没有胆识，没有担当！如果我们不为了改变，不为了有朝一日能够成功，不为了回家被人看得起，我们为什么要背井离乡，为什么要离开自己的爸妈……为了实现我的梦想，我必须要上台讲课，就在前些天，我第一次上台，有人说，我的声音太粗了，镇不住场，所以，我花了很长时间练习林志玲的声音，今天，我才又做回了自己，我把我最真实的声音送给你们，我把我最真实的生活经历送给你们，我把我最真实的体验送给你们，我期望有一天，我们能一起回家，一起看看咱们的爸爸妈妈，让他们在村里能抬起头做人，让他们为我们骄傲！"

这一节课，我足足讲了两个小时，中间没有任何停歇，有笑声，有泪水，有呼喊声，有如雷鸣般的掌声。下课的时候，所有人都站起来，有人冲上来，抱住我痛哭了一场。

课后，理发店老板给我们封了一个500元的红包，显然，他多给了200块，他笑着说："多给的是房东要涨的房租，每人100块！"

我和助理一人分了250块，250，虽然数字不太好听，但是，我们知道，这是一个大吉大利的开局。

> 爱就是充实了的生命，
> 正如盛满了酒的酒杯。

| 那年的爱情有些动人

草地上的一只燕雀讥笑大鹏，燕雀说："它想飞到哪里去啊？我飞起来，虽然不过几十米就落下，但无论是楼宇，还是丛林之间，我也是来去自如，它到底要飞到哪里去呢？"

是啊，一个人在这个尘世中，最终究竟要到哪里去呢？我不知道，我一脚踏进教育培训行业，突然发现身边每一个人都是"成功人士"，都是学习的榜样。

现在看来，那个时候的我，内心的年纪远远超过了实际年龄，我原本应该还在读高中，但是，生活却让我过早地见识到了它的真相，体验到了它的本质。

在我和助理打赢第一仗，每人分了250块之后，我们受到了极大的鼓舞，原来演讲并没有我们想象得那么难。我们不断地开发新客户，有了第一场作为铺垫，后面，我们联络的客户，几乎没有拒绝我们的。因为我们的要求并不高，几乎是给钱就去讲，两三百块讲一场，给多给少完全看对方。

而且，我再也不用特意去准备讲稿，不需要设定环节，到了现场，看到台下的人大致就知道自己应该讲什么。

我所分享的故事，让观众落泪，我总会把话讲到观众的心里面去，我知道，只有这样才能真正打动他们；只有真正感动他们，才能帮助他们。演讲，有时候就是一种催眠，就是一种心理暗示，你需要不断地暗示，不断地催眠，你需要将他们带进你的世界，带进你所需要呈现给他们的世界。

我想，我是有福的，因为我所讲的一切都来源于我的生活，来源于我的体验，来源于我的梦境。当我看见台下有和我妈妈差不多大年纪的女学员时，我会说我妈妈的故事，我会说那一天我为妈妈穿上了漂亮的鞋子，我会说我想念我的妈妈；当我看见台下充满了质疑的眼神时，我会说深圳工业园里的那个老乞丐以及他递过来的半块馒头……

语言是有魔法的，用好了它，威力无穷。这个世界上最有力量的语言一定来源于生活，这个世界上最能打动人心的表达一定来源于最真实的体验。因为你的听众是人，人来源于生活，准确地说，是生活锻造了人。

我用我自己的经历和体验，用自己的语言去打动别人，谁来打动我呢？

这个时候，我迎来了我人生的第一份爱情。现在回头想想，那时候的爱情真的非常简单，就在我想着谁来打动我的时候，他出现了，他花了半个月的工资给我买了一台音响和一只话筒，那台音响的样子、大小和现在祖国各地的广场上那些广场舞大妈们的一样，只是聪明的大妈们往往再配上个手拖车，拖着到处走，而我却只会背着走。那种音响原是配有两根带子，设计成一个双肩包的样子，我背着它几乎走遍了宁波所有的大街小巷，讲遍了所有的美容美发店，每每累了的时候，还可以把它放在地上，它都不用变身就成为一张结实的小凳子。

我就是被这样的一台音响和一只话筒给征服了，如果那个时候你问我，爱是什么，我会说我不知道。我只知道，他是第一个用实际行动支持我为自己的梦想努力的人，仅仅为了这个，我也应该去回报他。然而，对一个从未有过爱情经历的人来说，又如何去区分回报和爱情的区别呢？又如何区分友情和爱情的区别呢？

  人所遇到的所有经历，所遇到的所有人，都是最好的安排。最终，这一切都会成为你最为宝贵的财富。我验证了这些，不是吗？不需要经过任何加工，我只要将这些经验分享给观众们，我就能帮助到他们，同时也成就了自己。

第九章

〈以爱之名〉

绝学
以爱之名
映山红
南燕北归

> 放弃你所知道的一切，
> 你才能拥有真正的智慧。

绝 学

时间过得真快，不知不觉，那些开得早一些的花，花瓣都已经撒满了一地，我原本计划这本书在三月份完稿，看来，又要延期了，因为在写作的过程中，我产生了新的想法，于是我加了一些内容，我想在分享我自己的故事之外，多分享一些有价值的东西给我亲爱的读者朋友们。

思想家老子曾说过一个词——绝学。什么是绝学呢？我想，很多人肯定认为这是一种独门绝活，就像金庸小说里写的"降龙十八掌"一样，实际上，老子所说的绝学恰恰是指让我们放弃、断绝曾经所学过的、所懂得的一切。

老子说:"绝圣弃智,民利百倍;绝仁弃义,民复孝慈;绝巧弃利,盗贼无有。此三者以为文不足,故令有所属;见素抱朴,少私寡欲,绝学无忧。"我将老子的这段话总结成一句话——绝学,弃智。放弃你自以为是的聪明,放弃你原本的经验,放弃你的智慧,放弃你所知道的一切,你才能拥有真正的智慧。

我曾经走遍了宁波的大街小巷,背着那只方方正正的音响讲遍了宁波的美容美发店,有一天,我坐在街口,突然就迷失了,就算我讲遍了所有的理发店,又能怎样呢?就在这个时候,公司把我外派到郑州,辅助当地代理商开拓市场。

我没有想到郑州这个陌生的城市会是我人生的另一个起点。时间不长,郑州代理商的公司就正常运营起来,虽然我仅仅是总公司外派过来的渠道专员,但我却把自己当成代理商的合伙人一样,一起把这个公司从无到有做起来。因此,我有了新的想法,我为什么不创业去做一家自己的培训公司呢?我将我的想法告诉了我的男朋友,然而,他和很多人的想法一样,当时的我一没本钱,二没开公司的经验,仅仅是有一腔热血和一个念头,这种头脑发热的创业不可能成功。

我是个不服输的人，在我看来，如果人人都认为干得成的事，那还有干的意义吗？我们这些人，虽然顶着讲师的头衔，穿着一身名牌衣服，出入高档酒店，但根本存不了钱，说得直白一些，这是用高消费来维持自己内心最后的尊严，我想如果这种高消费是透支的，那么这种尊严我宁可不要。

我下定决心，破釜沉舟，不留后路。我记得当时我租了一套大约200多平方米的公寓，里面什么家具都没有，我看中这套公寓的原因是它有一个100平方米大的大厅，非常适合小班开课。我想，这就不需要再租赁讲课的场地了，在酒店租一天场地的费用至少要5000块，如果收不回来，那岂不是亏本的买卖，但是如果有自己的场地就没有这样的压力。我透支信用卡支付了三个月的租金。

万事俱备，就差人了！在哪里找人呢？一个一个地去找，效率太低，如果三个月之内我没做起来，那么，这场创业真的像别人说得那样，变成一场异想天开的美梦了。我想到了发挥公众演说的能量，公众演说既能实现"一对多"，又能体现演说者"老师"的权威身份，对招人来说，简直是一款最好用的利器。于是，我在网上到处发帖子，在街头发传单，但一个月下来，一个人都没找来。

我坐在红色的塑料凳子上,思考接下来应该怎么办。有时候,最艰难的时候恰恰是最好的时候,不论我用在宁波时的经验来推自己的课程,还是用帮助郑州代理商的方式来经营自己这家公司,都没有任何效果,这个时候,就像老子所说的,我必须"绝学",必须放弃固有的那些思维,正是这些思维阻碍了我,让我以为只有按照这种方式才能成功。当我用这样的思想另辟蹊径的时候,思路逐渐清晰了。

宁波模式和代理商公司为什么能成功?因为总公司已经做好了铺垫,我所做的一切,都有总公司的潜在资源支撑,然而现在,我除了自己,没有任何资源可以支撑。

我重新梳理思路,要开课,就要造场;要造场,就找人。那么,找什么样的人,在哪里找呢?我在脑海里一次又一次地构想,直到这些问题一一有了答案。

我想到了大学校园,那里聚集了我要找的年轻人,他们无畏无惧,充满激情,而这些素质,正是我所需要的。于是,我给学校学生会打电话,我说,我是某公司的创始人,同时,我和你们的年龄也差不多大,我想给同学们讲一堂公开课,将我创业的故事分享给大家。

当然,并不是所有人接到了我的电话就会支持我,但是,暂时的不支持、不理解并不能对我形成任何障碍，我只是打出去一个电话而已，并没有损失什么，况且只要有一个人支持我，我就向成功迈出了一步。

我希望所有的读者朋友们都要坚定这个信念，这个世界上并非所有的人都能理解我们、都会支持我们，但是，这个世界上总会有支持我们的人，因此，做任何事情都不要轻言放弃。

星星之火，可以燎原。

以爱之名

在讲台上，我讲的所有的事情、所有的人都存在于我所生活的世界里，都生活在我曾抵达过的地方。我所描述的每一个人，男人和女人，老人和儿童，等等，他们都曾努力地活着，而我仅仅用一些简单的词语描述着他们的人生。

演说这门学问自古至今就存在，我认为，它不仅是一门学问，更是一种技艺、一门艺术。

我从来没有做过专门的演讲设计，甚至讲什么内容、什么主题，在演讲之前，我都没有去想，因为到了现场，我才知道台下的观众是谁，我只需要把自己的心打开，把最真实的自我释放出来，和现场的每一个人连接。

创业的最初，当身边所有的人都在拒绝我时，一所大学的学生会给了我演讲的机会。然而，直到上台前，我都不知道应该说什么，因为我没有念过大学，准确地说，我连初中都没有念完，我真的不知道应该和大学生说些什么。

那个晚上，现场大约有30多个学生，我走到台上，开始了我的演说，我说："我很羡慕你们，有书念，有学上，可是我13岁时就出来工作，如果可以的话，我也很想和你们一样，能在学校里面念书，但是上天却让我走了另一条道路……我很荣幸能来这里跟你们交流，跟你们交朋友，我更希望能和你们成为事业上的伙伴。我们无法决定我们的过去，但是我们可以决定我们的未来……让我们一起去迎接未来，让我们手牵着手一起闯荡世界，创造一番伟业！"

这一场我感召了20多位同学到了公司，那200平方米的办公室人气一下子就旺了起来，我对大家说："这就是我们的起点，虽然不高，比不上大公司，但我却比大公司更能让你们学会赚钱。"

有人问："怎么才能赚钱呢？"

我说："你们听过我的演讲，你们觉得我的一场演讲值多少钱？"

有人说100块，有人说300块，有人说1000块……

我说:"我定 20 块钱一张票,你们去卖,每卖一张票提成 15 块钱!"

有人将信将疑,有人信心百倍,已经按捺不住在算账了,有人说道:"我可以发动全班同学来听!"

我摇了摇头,说道:"我们推课,不只是为了赚卖门票的小钱,做教育,要会赚大钱,真正的大钱在后面。我们的目标客户不在学校里,而在社会上。"

我把大家分成了 4 个人一个小组,按照之前在培训公司运用过的管理策略设定了销售目标与机制。

我在郑州地图上画了个圈,我说:"我们这个月主攻这个圈圈,这个圈圈打下来后,它的影响力就像亚马孙丛林里的一只小蝴蝶,别看它小,但会影响到整个市场。"

我想,没有哪一家培训公司的课是如此推广的,也没有哪一家培训公司的门牌是这样去卖的,我的战友们从楼下的小卖部开始发传单,几乎跑遍了三公里范围内的所有商家,你真的很难想象,那个时候,我们的客户都有谁。

卖鸡蛋的阿姨、卖猪肉的大姐、修皮鞋的大爷、超市收银员……是的,正是这些生活中最平凡的人,正是这些和我一样出身的人成为我的第一批学员,我们收上来的钱上甚至带着他们的汗水味。

有一次,总结会上,有人发言,他说:"叶老师,有人想买两张票,问能不能优惠 10 块钱。"

众人大笑。

我说："大家不要笑，10 块钱也是钱，你想一想，对他们来讲，10 块钱要卖多少菜才能赚得回来？我以前也卖过菜，一天还赚不到 10 块钱。"

又有人说："叶老师，有一个卖水果的大姐想来听课，但是她不想出钱，想拿她的香蕉来顶门票钱。"

众人再次大笑。

我也忍不住笑了起来，说道："为什么不可以呢？这样，我们不是天天都有香蕉吃了吗？"

后来，我们不仅有新鲜的香蕉吃，每天还有新鲜的鸡蛋、排骨、蔬菜、水果，等等。

一个多月时间，附近的个体户老板们大多成为我的学员，听过我的故事，开课人数也从一开始的几十个人到上百人，地点也从公寓里面搬到了酒店里面，门票也从一开始的 20 块钱一张逐渐上调到 300 块钱一张，真的是星星之火，可以燎原。

> 人和人之间相遇，一定是有冥冥
> 之中早已经注定的缘分。

| 映山红

  在我的家乡，每到这个季节，在不高的山丘上，在松树林间，长满了鲜艳的映山红，非常美丽。还有一种野菜，学名蕨菜，从沙土中间伸出来，大概有一根筷子那么长，我们给它起了一个名字，叫"小孩子拳"，因为它生长出来的形状就像一个小孩伸出手臂、捏着拳头的样子，我喜欢这样的景象，每逢清明节的时候，我都回去看看，看看山上的这些花，看看山上的妈妈以及我的祖辈们。

  这些映山红、小孩子拳，它们日复一日地盛开着，它们从不为明天而忧郁，也不为未来做什么准备，它们从来不对任何人证明什么，它们如此谦卑，同时，它们如此清醒地活着。它们从来没有让任何人感到不安，反而让所有的人感到舒适，我想这就是我的故土、我的祖辈们给我的最好礼物。

公司第二个月就已经赚钱了，我的课程推广顺利得超乎我的预想，其实那几年，很多培训公司都在赔钱，我想我之所以能白手起家，而且还能赚钱，是因为我走了一条别人没有走过的路，甚至我走了一条在很多人看来根本不可能会成功的路，做了别人不可能会去做的事情，然而，成功不就是如此吗？

当你做对一个决定的时候，一切有如天助，我们用"地推"等最土的方法，以公司为核心，从一个点开始，快速引爆市场，从开始的三公里范围到整个郑州市区，从个体户到中小企业主，当然，随着会议规模、学员的变化，我对课程内容也进行了更新，我开始去分享"如何从一张塑料椅子开启创业"，开始剖析"一招绝活走天下"，这些内容非常符合这些创业者的胃口，当然，我的成功还有别的原因，也许当时我是讲真话的草根讲师，正是这种草根精神符合时代的潮流，我只不过刚刚借了这个势而已。

后来，我们不再只满足于郑州市场，我们开始以郑州为中心，向河南省其他城市陆续开设多家分公司，在不同的城市开课，实现"多点开花"。和很多培训公司的模式一样，公司的核心只有一个人，那就是老板自己，既要出去讲课，又要兼顾管理，随着各地课程越来越多，我几乎每天辗转不同的城市、不同的课程现场，有时候，一天甚至要赶三个会场。

我记得有一次，我和助理刚出郑州火车站，一路小跑着往郑州会场赶，有一个人提着一袋子烧饼一边喊一边追赶过来，他气喘吁吁地说道："你是叶老师，我听过你的课，我就在火车站这边卖烧饼。"

我接过烧饼，感动得一句话都说不出来。那个时候，真的就是这样，到处都是我们的学员，在大街小巷中，一个皮匠，一个理发师，都有可能听过我的课。

这种野蛮成长的创业让我快速积累了第一桶金，也实现了母亲的嘱托，我为弟弟买了房子。然而，我隐约中感觉到一种危机正悄悄地降临。

我并没有管理多家公司的经验，分公司越来越多，员工越来越多，课程越来越多，这样量化的变化需要战略性思维，需要一支能打硬仗的核心管理团队，然而这些彼时的我都不具备。我认为，培训公司最核心的板块是客户服务，如果这个板块上出现问题，必定会影响到整个公司的经营，快速扩张的我们在这个板块必然会出现各种各样的问题，这个时候，我陷入了深深的思考中，接下来，公司应该朝哪个方向走呢？

这个时候，安之老师的一位终极弟子告诉我："你应该请教这个行业顶尖的人，你也是安之老师的终极弟子，为什么不去找他呢？"

我说："我也想请教他，我虽然认识他，但是他在全世界有那么多终极弟子，怎么可能认识我呢？"

他说："那可不一定！"

人和人之间相遇，一定是有冥冥之中早已经注定的缘分，我之所以从事教育培训行业，就是因为当时在一本书里面看到了安之老师的课程门票；我之所以把这个行业当成自己的终身事业，就是因为当年在宁波看到了安之老师在台上演讲，并想尽一切办法成为他的终极弟子。当我创办了自己的公司，遇到问题的时候，我又想到了安之老师。

原来，我在河南市场打拼的事情吸引了很多业内人士的关注，有人刻意探过我的底子，了解到我是安之老师的弟子，这些事情自然就传到安之老师那里。

有人曾对安之老师说："老师，您有个弟子在郑州做得风生水起。"

安之老师说："是吗？那我倒要见一见。"

就这样，我带着一肚子的疑问前去了安之老师的广州会场。课后，全国各地的终极弟子们和安之老师一起吃饭，到场的都是这个行业的精英，每个人都有自己的独门绝招，我自认是其中最年轻的学生，而且正遇到经营中的疑惑，所以，在众人的觥筹交错中，我的话并不多。大家玩得非常开心，在半夜一点多钟，有人给广州法拉利汽车销售公司的老板打电话，一行人要去试车。

  在培训行业，老师们几乎都有一个共同的爱好，那就是买豪车，有的老师甚至有好几台，其中不乏法拉利、阿斯顿马丁、兰博基尼等超级跑车。从另一种意义上说，这些奢侈品是一种成功者的证明，甚至是一个特定圈层的门票。当年，我虽然成为安之老师的终极弟子，但是我却没有成功进入这个圈层，而是进了一家培训公司当起了基层业务员，不正是因为我没有能力购买这张门票吗？如今，我消费得起，又获得了进入这个圈层的机会，为什么不把握呢？我想，只要对公司、对事业有帮助的事情，我都应该去尝试。于是，当晚我就付了订金，订购了一台法拉利。

  然而，我没有想到，这台法拉利给我带来人生中难以磨灭的记忆。

> 人生的价值，并不是用时间，
> 而是用深度去衡量的。

南燕北归

最近，我爱上了一位画家，确切地说，是爱上他的作品，这位画家就是达利，他那幅《记忆的永恒》深深地吸引了我。第一次看到这幅画的时候我就被震撼了，那远远的沙滩上躺着一条搁浅的鱼，扭曲的时钟以及时间的断层，仿佛一切都被掩埋了，我原来以为这种画面只能出现在梦境中，但它真实地呈现在我的眼前时，我才明白，这幅画所表达的一切，恰恰是我们人生的真相。

在很多人眼里，拥有一台法拉利跑车才算是一位成功的讲师，其实，大多数时候我并不开这台车，毕竟一不小心刮花了，维修的费用不菲。

我开始把脚步迈出河南省，有一次，武汉的一个商业论坛给我发了邀请函，那个论坛持续三天，3000人的规模，参会的都是中小企业主。

在这之前，我对公司在整个河南市场的发展感到焦虑，甚至有挫败感。我认为，一家好公司在管理、运营方面一定是非常严谨甚至滴水不漏的，当时，我们在河南省布局了那么多个分公司，每个分公司都存在问题，如果我不想办法改变局面，我们有可能支撑不了一年。那段时间，我觉得我像个陀螺一样，不停地转动，一边到处赶场讲课，一边在思考未来。

那一天，当我登上武汉场的讲台，我就找到了答案。这里和河南场完全不一样，场地的气场不一样，台下学员的需求不一样，消费水平不一样，演讲风格不一样，成交的方式不一样。我在现场做了一次测试，我把自己的课程内容、成交方式都做了调整，收效立竿见影，那一场的成交额是我们河南场的三倍，这个时候，我的思路开始清晰起来，我必须当机立断。

回到郑州后，我把公司的核心员工召集在一起开会，我说，我们公司的未来在哪里，不在郑州，而在中国的一线城市，在广州、深圳、上海、北京；我们公司的下一阶段在哪里，不在郑州，在武汉。在郑州的培训业，我们能成为一条大鱼，但在武汉，我们只能是一条小鱼，但是，我们宁愿成为大海中的一条小鱼，也不能成为浅滩上的一条大鱼，就像达利的那幅《记忆的永恒》中的那条搁浅的大鱼一样，当一个行业的规则、秩序都被扭曲的时候，我们还不想着突围出去，那么，我们的结局就和那条鱼一模一样。

我做事情一直都是快刀斩乱麻，会后不久，我们就陆续关掉河南省各个公司，带着团队转战武汉，我对大家说，这是我们决定生死的一战——武汉会战。

我对打赢武汉这一仗充满了信心，因为这一次，我有了一些家底。我认为，做生意和做人一样，一定要有头有脸，马靠鞍装，人靠衣装，在外面见客户，别人首先看你穿什么品牌的衣服，戴什么品牌的手表，开什么档次的汽车；到了公司里，别人就要看你公司的规模，看办公室的装修，看员工的素质，这些是他们判断一个公司、一个老板最基本的东西，所以，到了武汉，我首先考虑的就是租一间大办公室，再装修得豪华些。

如果说我在郑州是草根创业，那么，武汉创业就可以被称为土豪创业，并不是说我舍得花钱,而是我把它当作一种投资,为寻求更大的回报。

这些想法真的能顺利地成为现实吗?当时,我坚信一定能成功。

第十章

〡浮生若梦〡

爱情交易
浮生若梦
无畏之心

> 幸福的关键不在于你们有多合得来，
> 而在于你们如何处理彼此的合不来。

爱情交易

倾听自己内心的声音并不是一件容易的事情，为了听见它的声音，我们必须要面对自己，但是，在现实生活中，大多数人很难做到这一点，因为这个尘世太过浮华，又太过真实，人们习惯了像一片落在河流中的树叶一样过着随波逐流的日子。是啊，在大多数人看来，活着就已经很不容易了，何必要和自己较劲呢？然而，正因为听不见内心的声音，才无法接收到生命真正的启示；正因为听不到内心的声音，我们的所作所为才会迷乱；正因为听不到内心的声音，我们才会迷惑，才会失败。因为，我们的眼睛、我们的耳朵都被这个尘世中的浮华声色所迷惑。

武汉公司开业后，一切看起来都顺风顺水，我感觉离自己想要的成功越来越近。这个时候，身边不断有人对我说，叶老师，你该考虑自己的终身大事了，你毕竟是个女人。

是啊，我毕竟是个女人！女人真正的需求并不是拥有多少财富，并不是成为众人瞩目的人物，并不是要多少名利，而是有一个陪伴自己一生的人，有一个温暖的家，在自己累了的时候，有一个可以依靠的肩膀和一张可以安睡的床。在我的心里，要求就是如此简单，但是，茫茫人海中，谁又能陪我走完以后的日子呢？

有一天，办公室的房东打电话给我，他说："如果您愿意一次付两年的租金的话，可以优惠三万块钱。"

我想，反正房租迟早要交，多交一年租金对公司来说没有任何压力，而且还有优惠，何乐而不为呢，于是，我说："下午到公司来，把合同带上。"

没想到，挂完电话还不到半个小时，他就带着合同到了我办公室。我一向非常敬佩那些做事情高效、利落，行动力超强的人，我认为这是一个人能成功的最基本的素质，但是我从来没有见过一个刚刚谈完合同，半个小时就拿着合同出现在你办公室门口的人，我想，这个人一定不简单。而且，如果他真的下午来办公室找我，还真的不一定能见到我，这一单也许就黄了。因为我在公司的时间很少，几乎天天在各个城市间穿梭，他想找到我签合同，真的不是件容易的事。

他轻轻地敲门进来，彬彬有礼。虽然他是房东，我是租客，但是他给我的感觉却是我是甲方，他是乙方。他进门的那一瞬间，我就被他的气质吸引住了，甚至恍惚觉得，这个人在哪里见过。

我站在讲台上时妙语连珠，但在台下，大多时候，我沉默寡言。有时候，在同一个房间里面，助理离我只有几米远，我也不愿意用说话的方式沟通，而是拿起手机，给助理发个微信，告诉她我需要什么。时间长了，助理已经和我形成默契，连微信都不用发，一个眼神，她就知道我需要什么。然而，眼前的这个男人却让我变成另外一个人，让我愿意表达，甚至让我像个小女人一样变得话痨。

签完合同后，已经到了中午，他说："叶总，我能请你吃饭吗？"

虽然我下午要赶去会场，但面对他，我却无法拒绝，大大方方地答应了。

在停车库，他看到我的法拉利，轻声说："叶总，还是让我来开吧。"

他如此体贴，让我觉得他和很多男人不一样。曾经有一些追求过我的男人，大多一见面就标榜自己的家族、出身、学历、事业，等等，但是吃饭的时候，却连菜都舍不得点。他却不一样，那天，他几乎把那家餐厅所有的硬菜都点了一遍，虽然显得有些奢侈，但是我心里依然很开心。

其实，这些对我来说真的不重要，在外面这些年，再美味的菜也吃过了，而且，我是个农民出身的人，什么苦都吃过，甚至讨过饭。我要的并不是钱，而是一个能让我真心感到喜悦的男人，我想，这样的男人一定是胸怀宽广的，一定是豁达的，那么，即使他是一个乞丐，我也能帮助他成就一番事业。

后来，他就对我发起了猛烈的进攻，而我，在他的几轮轰炸后彻底沦陷。早上七八点钟，太阳透过了窗纱。有了陪伴，我想过一段慵懒的日子。他的手机响个不停，他接了一个又一个，显得有些慌张。

我问道："你有什么事情吗？"

他说："我的房地产项目缺些资金，银行贷款没及时批下来，现在供应商急等着钱。"

我说："缺多少钱呢？"

他看了看我，沉默了片刻，说道："不多，不多，我还是自己想办法解决吧。"

我说："我们是一家人，你还客气什么呢？"

他这才说道："200万元！"

当时，200万元对我来说虽然不是一笔很大的数字，但是一下也拿不出这么多现金来。于是，我把法拉利汽车的钥匙递给他，我说："你把车抵押了吧，贷款200万元应该没有问题。"

他伸手接过钥匙，笑着对我说："亲爱的，我就知道你肯定会帮我。"

我看着他走出门，看着他的背影，心底涌现出一种说不出口的滋味。

> 人生的一切变化、一切魅力、
> 一切美都是由光明和阴影构成的。

|浮生若梦

唐朝大诗人李白写道:"浮生若梦,为欢几何?"他认为,死和生的差别,就像做梦与梦醒的不同一样,世事变幻莫测,谁也无法把握明天,人这一生真正能得到的快乐,又有多少呢?

浮生若梦,我想诗人李白一定是尝遍了这尘世间那些苦味、那些甜、那些伤痛以及那些由心底里生发的喜悦。

在这本书里面,我写的所有的事情都像是在做梦,只是有些梦已经醒了,有些梦还没醒。

那天早上，当他真的拿走法拉利汽车的钥匙时，我的心就咯噔了一下，但是，我什么都没有说，也许我真的被突如其来的爱情冲昏了头。我想，任何一个头脑冷静的人都不会有这样的举动，但是我错了，在他面前我必须要表现出宽容、大度的样子，我已经被"架上去"了，下不来了，我曾经认为这就是表达爱的方式。

有一家公司组织了日本邮轮游学，我被邀请为主讲老师之一。晚上，我一个人趴在甲板的栏杆上透气，望着黑暗中的大海，我想这个世界真的太奇妙了，一艘游轮载着几百人，形成一个小小的邮轮世界，而这艘油轮航行在茫茫的大海中，却又像一只蜉蝣一样那么渺小。这些景象让我突然涌现了一些想法：我是谁？我在这里做什么？明天要去哪里？

正当我思考这些问题的时候，我的手机振动了一下，有一个陌生的手机号给我发了几条彩信，内容是他和一个女人在床上的照片。尽管在旁人的提醒和自己的猜测中早就察觉出一些迹象，但当我看到这些照片的时候，我依然接受不了这样的现实。人都是这样，事实真的摆在眼前，你不得不去接受的时候，才真正地体会到那种疼痛的感觉。或许，那些无法接受事实的人在那一瞬间就结束了自己的生命。生命有的时候真的非常脆弱，就像一根线一样，你稍微用点力，线断了，命就没了。

那一瞬间，我认为我输掉了一切，我认为我这辈子做过的所有事情都抵不上那几张照片所带给我的伤痛，这伤痛就像一座山压在我的胸口，让我无法呼吸，让我想纵身一跃。事实上，我差点纵身跳了下去，但是，我感觉到有些恶心，我感觉到肮脏，我感觉到极度的厌恶，我想，我不应该就这样结束生命，不值得！然而，我却恨不起来。我想问自己，为什么会这样？我早已经不是从前的那个我了，从前的那个我，去哪里了呢？

再后来发生的事情更让我措手不及，除了账上的钱不断被"借走"外，还有很多人上门讨赌债。我不赌博，哪来的赌债？然而，我却拿我自己赌了一场人生中最为残酷的赌博，我输到最后，不仅遍体鳞伤，而且背负上一身根本不属于我的债务。这些事情的细节我不愿意再提，一切留给上天去评判吧，现在，我将它们当作一场梦，一场永远不想再回忆的噩梦。

著名作家屠格列夫曾写过一个蠢人的故事。有一个蠢人，他过着快乐、简单的日子，可是，别人都说他是个蠢人，这些风言风语最终传到他的耳朵里，让他很难过。有一天，蠢人想到了一个办法，他马上就行动起来。

蠢人在街上遇见一个朋友，那个朋友向他称赞一个画家。蠢人说："得了吧，那个画家的作品早就已经过时了，你难道不知道吗？"朋友吃了一惊，但是朋友马上就同意了蠢人的说法。

又有一天，第二个朋友对蠢人说："我今天读了一本好书。"

蠢人回道："你难道不觉得丢人吗？那本书一点用也没有，很多人读了几页就读不下去了。"

第二个朋友也是吃了一惊，也赞同了蠢人的意见。

第三个朋友对蠢人说："我有一个朋友，他是一个非常了不起的人。"

蠢人告诉他："有什么了不起的，只不过是一个出了名的流氓，他把身边人的钱全骗光了，你难道不知道吗？"

第三个朋友听蠢人这么说，也大吃一惊，从此和自己一直很欣赏的那位朋友绝交了。

后来，这个蠢人开始在报纸上发专栏，专门去骂那些权威，没想到，蠢人成了"权威杀手"，自己成了权威，积累了很多崇拜者。

人生如梦，蠢人也好，聪明人也罢，一切都会过去。

没有单纯、善良和真实，就没有伟大。

| 无畏之心

我想问问我的心，这颗无畏之心，我什么时候屈服，什么时候向命运投降？

我想问问我的心，这颗无畏之心，什么时候给我一杯盛满智慧的苦酒，让我喝下去后，再也不会迷茫？

我想问问我的心，这颗无畏之心，那些夜晚，那些沉默，那些曾经的渴望，那些梦想，如今都去了哪里？

我想问问我的心，这颗无畏之心，那些豪迈，那些羞愧，那些博大，那些卑微，那些我曾经认为最为重要的东西，如今在哪里？未来，又在哪里？

我想问问我的心，这颗无畏之心，我生来两手空空、一无所有，我走的那一天，应该是怎样的？

我想问问我的心，这颗无畏之心，当别人欺骗我时，当别人伤害我时，当别人轻蔑地看着我时，为什么我依然微笑？

我想问问我的心，这颗无畏之心，慈悲是什么？

我想问问我的心，这颗无畏之心，为什么我的眼泪中充满了爱，我的悲伤去了哪里？

我的心啊，原来是无畏的，这种无畏是为了我认识的每一个人，这种无畏是我站在讲台上，面对台下的所有听众时，我想把我知道的一切，把我看到的一切，把我能体会到的一切，把我能触摸到的一切，分享给他们。

这颗无畏之心给了我重生的勇气，给了我面对破碎的命运的勇气，给了我重新认识自己的勇气。

一个人只有学会放下那些外在的东西，他才能体验到生命中真正的富有，才能感受到那种饱满、那种充实、那种幸福与美满。

人为什么要活在这个世上？不是为了吃好的，不是为了喝好的，不是为了娶个漂亮老婆，每个来到这个世界上的人都有自己的使命，只有完成了属于自己的使命，你离开这个世界的那一天，你才是无畏的。

这个世界多么美好，多么纯洁。这个世界上的每一个人、每一个生命、每一个植物，都如此美好。

人生从来没有太晚的开始，而我早已重新起航！

2017年，我在深圳再次创业，开启新的事业、新的奋斗。

在这本书的最后，我想对我的弟弟说一些话：弟弟，请不要忘记我们从哪里来，请不要忘记我们的初心，请不要忘记我们是如何一步一步走到今天的……我希望你是一个成功的人，我希望你是家里的顶梁柱，我希望你顶天立地，我希望你成为我的榜样，只有这样，才对得起妈妈最后的嘱托。

我想那一天很快就会到来，我想那一天，妈妈一定会含笑九泉。